DOGBERT

Méthodes ULTRA SECRÈTES pour diriger une entreprise

DOGBERT

Méthodes ULTRA SECRÈTES pour diriger une entreprise

par

SCOTT ADAMS

auteur du *Principe de Dilbert*

Traduit de l'américain
par Maxime Chavanne

First Editions

Savoir pour agir.

ISBN 2-87691-378-X
Dépôt légal : 3e trimestre 1997.

Nous nous efforçons de publier des ouvrages qui correspondent à vos attentes et votre satisfaction est pour nous une priorité.
Alors, n'hésitez pas à nous faire part de vos commentaires à :

Éditions Générales First
70, rue d'Assas
75006 Paris
Tél : 01 45 44 88 88.
Fax : 01 45 44 88 77.
Minitel : AC3*FIRST
Internet e-mail : firstinfo@efirst.com
En avant-première, nos prochaines parutions, des résumés de tous les ouvrages du catalogue. Dialoguez en toute liberté avec nos auteurs et nos éditeurs. Tout cela et bien plus sur internet à : http://www.efirst.com.

ORDRE DU JOUR

EXPÉRIENCE PROFESSIONNELLE

INTRODUCTION

Ce livre va vous enseigner la **méthode de management Dogbert.** Tous les décideurs modernes s'y sont formés. Comme eux, quand vous l'aurez fini, vous aussi aurez appris que :

On ne naît pas leader.
On le devient en lisant les livres de Dogbert.

ATTENTION : SI VOUS N'ÊTES **PAS** DÉCIDEUR, REFERMEZ IMMÉDIATEMENT CE LIVRE. IL Y A DES CHOSES QU'IL VAUT MIEUX NE JAMAIS SAVOIR.

Pourquoi il est indispensable que vous lisiez ce petit guide

Si vous êtes en train de lire ce petit guide, de deux choses l'une : soit vous êtes vraiment un décideur, soit vous êtes un petit branleur curieux qui ne veut pas tenir compte de la mise en demeure ci-dessus énoncée. Bon, admettons que vous soyez décideur, pour rire.

Il vous faut maintenant acquérir les tics et usages bien particuliers qui permettent de s'élever au-dessus de la masse des exploités. Et n'importe quel expert vous le dira : pour vous donner accès à ce genre d'information, rien de tel qu'un petit roquet blanc à lunettes. Disons que ça serait moi.

Soyez bien attentif car mon cerveau est considérablement plus volumineux que le vôtre. Je m'explique : imaginons que mon cerveau soit représenté par, disons, le continent africain. Maintenant imaginons que le vôtre soit représenté par quelque chose d'infiniment petit : disons, par exemple, par votre cerveau. Vous me suivez? Non? Alors, croyez-en mon expérience, ce petit guide est exactement ce qu'il vous faut.

Le parfait décideur peut faire montre de réflexion, explorer des voies nouvelles, et constamment essayer de se surpasser. Ou alors faire comme tous les autres : suivre mes directives aveuglément comme un zombie décérébré. Obéir avec servilité est encore la solution la plus simple. A la fin du mois, le chèque est le même, de toutes les façons. Sur le strict plan de la rentabilité des investissements, il est même bien plus gros. Alors, lisez.

DOGBERT

Méthodes ULTRA SECRÈTES pour diriger une entreprise

1

SE POSITIONNER EN MANAGER

1.1 LES DEUX VOIES DU MANAGEMENT

Dans un monde parfait, votre mission de manager consisterait à vous fixer des objectifs et à vous donner les moyens de les réaliser. Mais on ne vit pas dans un monde parfait. La preuve : on y croise des gens de votre espèce.

Dans la mesure où vous n'avez pas la compétence requise pour fixer des objectifs, et que vous êtes incapable de vous donner les moyens de les réaliser, il vous reste l'alternative logique suivante :

Option	Résultat
1. N'en foutez pas une rame.	Viré (motif : vous n'en foutez pas une rame).
2. Faites n'importe quoi, soyez irrationnel et improductif.	Promu (motif : vous êtes reconnu comme un vrai manager, un qui prend les choses en main).

Pour couronner le tout, on attend d'un manager comme vous qu'il manage rien moins que *trente-neuf heures par semaine*. Au mépris des exigences réelles de l'entreprise. Bref, à moins de vous trouver confronté à une situation véritablement critique, il est clair que vous allez passer votre temps à brasser de l'air.

Fort heureusement, il existe tout un éventail d'activités « managériales » dans lesquelles vous pourrez piocher à votre aise pour tuer le temps, tout en faisant figure de cadre compétent.

Comment tuer le temps à un poste de direction

- En rebaptisant son service.
- En multipliant les compte-rendus périodiques.
- En encadrant des groupes de travail.
- En redistribuant les bureaux.
- En établissant des ordres de mission.
- En redéfinissant l'organisation du travail de façon aléatoire.
- En réalisant des camemberts sur transparents.
- En pratiquant le micro-management.

1.2 MANIER LA LANGUE DE BOIS

Ne vous sentez pas obligé de traiter de gros nazes les gros nazes qui travaillent pour vous. Ça les rendrait plus nuisibles qu'ils ne le sont déjà. Je reconnais qu'il est parfois fort divertissant de les pousser dans leurs derniers retranchements, mais contrôlez-vous. Un manager doit apprendre l'art de la diplomatie.

Utilisez le terme de « ressources humaines », ça passe mieux. Ça veut dire la même chose que « gros naze » mais, bizarrement, ça n'engendre pas les mêmes réactions. De la même manière, préférez l'emploi des mots « adjoint » et « collaborateur » aux humiliants termes de « charlot » et « raté ». Cette terminologie nouvelle présente l'avantage de ne rien perdre de son acuité, tout en faisant beaucoup pour votre sécurité personnelle. Tout au long de ce livre, j'utiliserai le terme générique de « salariés » pour désigner les gens placés sous votre autorité, car il englobe l'ensemble de ces appellations humiliantes.

Il est important que les salariés vous croient intelligent. Mais tandis que vous êtes en train de lire cet ouvrage, il est vraisemblable que la chose vous demande des efforts considérables. Imprégnez-vous scrupuleusement des phrases toutes faites que les autres zombies du management ahanent en chœur, et appliquez-vous à les reproduire à la lettre. Sitôt que vous captez un nouveau terme à la mode dans les étages supérieurs, jetez-vous dessus comme la petite vérole sur le bas clergé.

1.3 LE REGARD DE ZOMBIE

Combinez à vos nouveaux talents de dialecticien **le regard de zombie du manager**. Apprenez à gommer de votre faciès toute trace d'empathie ou de compassion. Le message que devrait émettre votre visage est le suivant :

Toute logique est vanité.

Les bizuths du management commettent l'erreur d'inviter leurs salariés à s'impliquer, caressant le fol espoir de voir surgir une idée ou une suggestion intéressante. Optimisme béat : autant monter un derrick sur le siphon de sa baignoire pour y forer du pétrole.

RAPPEL : SI VOS SALARIÉS ÉTAIENT À MÊME DE GÉNÉRER LE MOINDRE ATOME D'INTELLIGENCE, ILS NE TRAVAILLERAIENT PAS POUR VOUS.

1.4 LE LOOK DU DÉCIDEUR

L'habit ne fait certes pas le moine, mais il fait le chef. C'est clair, les salariés ne respecteront jamais votre personne. Mais ce n'est pas pour autant qu'ils ne respecteront pas votre mise. Il y a longtemps que les grands hommes de l'histoire ont compris ça.

Prenez le pape, par exemple. Confisquez-lui sa tiare, et son autorité s'en trouvera considérablement émoussée. Ou alors demandez-vous si vous tiendriez compte de l'avis d'un spécialiste de l'IVG qui porterait, disons, des cuissardes en latex. Pas vraiment…

Regardez le pape et prenez-en de la graine. Portez des vêtements qui en jettent. Si au cours de votre carrière, on devait vous manifester un jour le moindre respect, ce sera uniquement grâce à cela.

1.5 LA PERSONNALITÉ DU DÉCIDEUR

Quand on a accédé à un poste de direction, plus besoin d'avoir de l'esprit ou d'être un tant soit peu séduisant pour attirer les regards. Une position aussi prestigieuse que celle-là vous confère automatiquement pouvoir et charisme, en tout cas suffisamment pour briller dans n'importe quel dîner en ville.

Je dirais même plus : ce n'est pas sous prétexte que vous avez un physique repoussant que vous devriez renoncer à coucher avec l'une (ou l'un) de vos séduisant(e)s salarié(e)s. Quelques subtiles manœuvres d'intimidation suffiront. D'un point de vue strictement légal, ce serait bien évidemment délictueux. Mais arrêtons de nous raconter des histoires : ce n'est pas pour avoir la meilleure place au parking que vous vous êtes hissé à un poste si convoité. Si vous l'avez fait, c'est pour pouvoir baver des cochoncetés aux délicates oreilles d'innocent(e)s qui n'ont le droit qu'à une chose : se la boucler.

De la même manière, vos sempiternelles histoires drôles, aussi éculées soient-elles, vont soudain faire mouche. On vous trouvera comme par hasard irrésistible et plein d'esprit. Vos salariés n'auront pas le choix : désormais, les éclats de rire seront de rigueur. Glissez quelques allusions croustillantes au passage, et c'en est fait des préliminaires.

Bien sûr, vous trouverez toujours des gens pour vous dire que, manager ou pas manager, il y a certaines limites qu'il ne faut pas dépasser. Mais la fortune appartient à ceux qui entreprennent. Sortez et offrez-vous donc un petit extra. Et si d'aventure le petit extra venait à vous traîner en justice, dites que c'est un malentendu.

1.6 S'ÉCOUTER PARLER

Avant d'accéder au pouvoir, vous vous sentiez obligé d'arrêter de radoter aux premiers symptômes que présentait votre interlocuteur : hypoglycémie, convulsions pré-comateuses, tétanie ou autre. C'est fini, tout ça.

Si la durée d'une réunion a été fixée à soixante minutes, utilisez la totalité de vos soixante minutes. Cela dit, un éphéméride sert à faire des suggestions, pas à édicter des règles. Et de toute façon, les règles sont faites pour être transgressées. Par conséquent, les suggestions sont faites pour être ignorées.

(Je dois reconnaître que le paragraphe ci-dessus ne veut pas dire grand'chose. Mais suivre un raisonnement logique, c'est un luxe que ne peut guère s'offrir un manager débordé. Pour pouvoir radoter paisiblement, il faut parfois savoir aller droit au but.)

En qualité de décideur, toute réunion doit avoir pour vous les mêmes objectifs :

Objectifs des réunions

1. Faire le ménage sur votre bureau, en assignant les diverses tâches aux abrutis de service qui s'y sont laissé piéger.
2. Exposer avec force détails votre vision globale du marché.
3. Vous écouter parler.
4. Vous dérober systématiquement à toute question.

Tôt ou tard, vous vous retrouverez coincé dans une réunion organisée à la demande d'untel ou d'untel, animés de « raisons valables » ou se croyant investis d'une « mission ». Cela ne change rien au problème : qu'ils prennent ça sur leur temps à eux, pas sur le vôtre! Ignorez toutes ces trivialités, et vaquez plutôt aux nobles activités qui sont les vôtres.

1.7 ABÉCÉDAIRE DE TECHNOLOGIE À L'USAGE DU DÉCIDEUR

On ne vous demande pas de maîtriser la technologie qu'exploite votre société, ni même de comprendre celle qui fait monter et descendre votre gros fauteuil de chef. Vous, vous êtes cadre supérieur, pas ouvrier qualifié. Alors, si déjà vous les payez, faites faire tous ces trucs techniques ennuyeux par vos sous-fifres. Toutefois, pour vous éviter de vous retrouver confronté à des situations embarrassantes, il est préférable de maîtriser quelques concepts de base :

1. Quand vous faxez un bout de papier, l'original de votre bout de papier ne passe pas, concrètement, par le fil du téléphone. Dans le même ordre d'idées, n'espérez pas gratter sur vos frais de déplacement en vous faxant vous-même à l'autre bout de la planète.

2. En dépit de tout ce qu'on raconte sur la prétendue « facilité d'accès au réseau », il ne suffit pas de brancher son PC dans la prise de courant pour s'en aller surfer sur Internet. Pour ça, il faut des logiciels.

3. Pas besoin d'installer une manivelle sur votre disque dur, ou de relier votre ordinateur à un vélo d'appartement, pour « faire tourner *Windows* ».

4. *Ethernet* ne vous fera pas voir d'éléphants roses, même si vous sniffez des kilomètres de câble. C'est juste une application.

Une fois par semaine environ, épluchez des magazines technologiques pointus, du genre *L'Express* ou *Gala*, et demandez à votre staff : « Et si on essayait ça, nous aussi? » Regardez-les en faire des tonnes pour vous prouver par A + B que c'est irréalisable, ou alors que ça va vous coûter la peau du dos. Fainéantise! Mensonges! Ignorez toutes leurs prétendues qualifications et exigez que diligence soit faite.

Plutôt que de fixer des défis technologiques qui pourraient directement profiter aux travaux en cours, faites des choix arbitraires. Montrez que vous avez une vision globale. Par exemple, si votre service est en train d'établir un nouveau fichier-clientèle, exigez que celui-ci puisse intégrer des odeurs et des sons (un jour, vous serez sûrement content de les avoir).

Éplucher des magazines pointus vous demande trop d'efforts? Alors contentez-vous de fusionner deux concepts qui marchent. N'importe lesquels. Et mettez vos ouailles au défi. Lancez par exemple un truc du genre : « Et si on numérisait toutes les prises de courant? », ou alors : « Et si on s'équipait de fax multimédia? »

Y'A QU'À FAIRE UNE BASE DE DONNÉES SQL.
C'EST CELA, OUI...
IL SAIT DE QUOI IL CAUSE OU IL A LU ÇA DANS *CD-MANIA*?
J'VOUS LA SORS EN QUELLE COULEUR?
MAUVE, SINON ON VA MANQUER DE RAM.

HÉ, RICHARD, J'LE CROIS PAS! LE BOSS A BALANCÉ SON PREMIER E-MAIL!
TU DISAIS PAS QU'IL EST TROP NAZE POUR CE GENRE DE MANIP?
ET Y DIT QUOI, SON E-MAIL?
« QUELQU'UN A L'HEURE? J'AI OUBLIÉ MA MONTRE. »
FAUT ARRÊTER TOUT, LÀ.

RAJOUTEZ-MOI UN RÉSUMÉ POUR LES CADRES, SUR LA DERNIÈRE PAGE DU CONTRAT.
ET FAITES SIMPLE. NOS CADRES SONT LOIN D'ÊTRE AUSSI POINTUS QUE MOI.
POINTU? VOUS SAVEZ MÊME PAS FAIRE UN DÉMARRAGE EN CÔTE!
ERREUR. J'AI PRIS UNE CARTE RENAULT-ASSISTANCE.

VOILÀ CE QUI DÉCONNE. C'EST VOTRE CONNECTION RÉSEAU QUI A LÂCHÉ.
S. Adams E-mail: SCOTTADAMS@AOL.COM
AH, D'ACCORD… C'EST UN RÉSEAU « EN ANNEAU À JETONS ». Y'EN A UN QUI A DÛ SE FAIRE LA MALLE ET ROULER PAS LOIN.
5/2/96 © 1996 United Feature Syndicate, Inc.(NYC)
TU ES MON RAYON DE SOLEIL.
DANS UNE SEMAINE, J'LUI DIRAI QU'IL EST BARRÉ DANS ETHERNET.

J'AI UNE IDÉE!
PITIÉ, NON!
S. Adams E-mail: SCOTTADAMS@AOL.COM
ET SI ON GÉRAIT NOS STOCKS SUR UNE BASE DE DONNÉES E-MAIL?
J'T'EXPLIQUE : C'EST L'IDÉE LA PLUS DÉBILE DE LA GALAXIE.
J'T'EXPLIQUE : SON INTELLIGENCE EST LIMITE. TOUTE DISCUSSION EST INUTILE.

…

…

J'T'EXPLIQUE : ON POURRAIT S'ÉCHINER DES HEURES À LUI EXPLIQUER, TELLEMENT QUE C'EST DÉBILE.
12/31/95 © 1995 United Feature Syndicate, Inc.(NYC)
J'T'EXPLIQUE : QU'ON OBTEMPÈRE OU PAS, IL SAURA JAMAIS.
NO PROBLEM.
ON EST DESSUS.
AFFAIRE CLASSÉE.
LA CONNERIE, EN FAIT, C'EST COMME LE NUCLÉAIRE…
…MOINS ÇA TE TOMBE DESSUS, MIEUX C'EST.

1.8 TENUE DE L'AGENDA

Avant d'accéder au poste de manager, vous teniez vous-même votre agenda. Désormais, c'est votre secrétaire qui en aura la charge. Sa mission : vous envoyer « en rendez-vous à l'extérieur » le plus loin possible du bureau.

Je m'explique. Imaginons que votre priorité absolue soit de recruter de nouveaux éléments pour optimiser le service-clientèle. Votre secrétaire vous bookera tout naturellement un vol pour une héroïque expédition minière au fin fond de la galaxie d'Andromède. Certes, on est loin des priorités que vous vous étiez fixées. Mais bon, c'est ça, ou vous prenez vos rendez-vous vous-même. Et ça, ce n'est pas le boulot d'un leader; un leader fait ce que sa secrétaire lui dit de faire.

Prenez Napoléon, par exemple. A l'origine, Bonaparte n'était qu'un modeste directeur de comptabilité parisien. Mais c'est sa secrétaire qui tenait son agenda. Or, elle avait la haine de ce petit bonhomme. Son crime : être atteint du syndrome des gens de petite taille, syndrome pour lequel on n'avait d'ailleurs pas encore trouvé de nom à l'époque. Alors elle lui prenait des rendez-vous du genre : « Envahir Russie cet hiver », ou encore : « Waterloo 14 h 00. »

N'allez surtout pas vous plaindre si votre secrétaire vous colle des rendez-vous à l'extérieur. L'alternative est pire. Pour peu que dernièrement, vous vous soyez un peu acharné sur elle, la bougresse cherchera tous les moyens possibles et imaginables pour se venger. En vous infligeant, par exemple, le Supplice du goutte-à-goutte. Le supplice du goutte-à-goutte? La chose consiste à farcir votre agenda de rendez-vous quotidiens avec des semi-demeurés, dont vous verrez la file interminable, agglutinée contre la vitre de votre bureau, s'allonger de jour en jour.

Ce n'est certes pas en gérant votre emploi du temps selon ces principes nouvellement établis que vous abattrez un travail considérable. Fort heureusement, le salaire d'un décideur ne se calcule pas sur la base de la **quantité** du travail fourni. Non, votre fiche de paie est proportionnelle à votre compétence à « faire de la figuration ». S'y ajoutent les intangibles **qualités** que vous insufflez à la mission, telles que leadership et motivation. Bref, le genre de trucs que là encore, vous pouvez sous-traiter. Regardez :

Ah! Encore une bonne nouvelle : les qualités intangibles en matière de leadership, c'est quasiment impossible à détecter, pour le commun des mortels. Voilà qui ouvre des horizons. Que vous développiez des trésors de leadership et de motivation ou que vous passiez votre temps à couper les cheveux en quatre, personne ne fera la différence; aux yeux d'un observateur non averti, ces deux activités sont rigoureusement identiques. Alors pourquoi se prendre la tête, puisque la feuille de paie est la même?

1.9 DÉBARQUER EN RETARD EN RÉUNION

En bon décideur, rien ne vous astreint plus à la ponctualité. Réunion ou pas réunion. En attendant, vos subalternes tueront le temps en s'entretenant notamment de mesquins problèmes, ainsi nommés eu égard au solde mesquin de leur feuille de paie.

Pour calculer le nombre de minutes de retard adéquat, rien de plus simple : comptez le nombre de convives, multipliez par trois, et pointez-vous quand bon vous semble (je reconnais que c'est plus un art qu'une science, cela dit).

Narguez vos infortunés sous-fifres en vous dirigeant vers la porte d'un pas énergique, un document sous le bras, et lancez un truc du genre : « Faut que je passe un coup de fil. » Puis, prenez votre après-midi. Et soyez serein : le lendemain matin, ils seront toujours là à vous attendre. Rien ne justifie d'efforts particuliers pour des gens qui n'ont pas l'étoffe de responsables. L'indépendance, ça se mérite.

1.10 SÉMINAIRES DE MOTIVATION

Un séminaire de motivation est un processus qui permet à tous les décisionnaires de votre société d'aller se la couler douce quelques jours dans un cadre paradisiaque, pour tenter d'apporter des réponses aux deux questions suivantes :

1. Comment faire bosser les salariés plus, en les payant moins?
2. Pourquoi le moral des troupes est-il si bas?

On aborde l'un et l'autre de ces problèmes en mettant en perspective la « mission », la « vision » et les « principes éthiques » de la société. Pour autant que ces vacances à thème semblent éloignées de l'ordre du jour, elles n'en restent, pour être étalées dans le temps, pas moins efficaces. En effet, on constate que plus les cadres s'éloignent du bureau, plus la productivité augmente, et plus le moral des troupes remonte.

1.11 PHYSIQUE DU MANAGEMENT

L'accès à un poste de direction confère instantanément d'étonnants pouvoirs de manipulation sur le temps, sur l'espace et sur la matière. Sitôt installé dans vos nouvelles fonctions, vous pourrez par exemple, si ça vous chante, suspendre la loi universelle de causalité. Ou alors compresser le temps en toute impunité. On ne soupçonne pas combien ça peut simplifier la vie, ces petits riens.

Vos pouvoirs occultes se révéleront fort utiles lorsque, par exemple, vos traîne-savates de salariés vous annonceront qu'il leur faut six mois, au bas mot, pour boucler tel ou tel dossier important. Supposons que, de votre côté, vous l'ayez promis au big boss sous quinze jours. **Solution** : compresser le temps. Facile, mais efficace. Ce changement, bénin en apparence, va déclencher une réaction en chaîne d'événements dont les effets altéreront la structure de l'espace-temps. Résultat : l'engueulade qui vous était destinée se reporte sur vos subalternes, sans gaspillage d'énergie aucun, et à la vitesse approximative de la lumière.

En qualité de décisionnaire, vous pourrez également amender la loi de la pesanteur. Sir Isaac Newton a démontré que les objets de forte densité, tels que les décisionnaires, sont particulièrement sujets aux lois de l'attraction terrestre. Votre bureau deviendra ainsi un trou noir au fond duquel toute donnée sombrera jusqu'à la nuit des temps. Un salarié aura beau vous avoir transmis X fois le même truc – disquette, document, etc. – vous pourrez soutenir que vous n'en avez jamais vu la couleur. Et le plus beau, dans tout ça, c'est que ça ne sera jamais votre faute : c'est l'implacable loi de la pesanteur.

Vous vous demandez sûrement comment un cadre dirigeant peut bien acquérir de semblables pouvoirs. Eh bien, vous avez entendu parler de ces non-voyants dont l'ouïe est particulièrement développée? C'est à peu près la même chose; sauf que là, ce seraient plutôt des non-voyants qui, en plus, seraient frappés de surdité.

1.12 NE JAMAIS PRENDRE DE DÉCISION

Rien de bon n'a jamais résulté d'une décision prise par un décideur. Evitez autant que possible de prendre des décisions : c'est une source constante de problèmes. Voici quelques méthodes qui ont fait leurs preuves pour éviter d'en prendre, tout en gardant une relative crédibilité.

5 trucs imparables pour ne jamais prendre de décision

- Restez constamment dans le vague.
- Constituez des équipes de gens trop occupés pour se réunir.
- Demandez systématiquement des compléments d'information.
- Égarez les documents qu'on soumet à votre signature.
- Décrétez que vous attendez que tel ou tel autre décisionnaire « daigne se bouger ».

La technique la plus prisée pour ne jamais prendre une décision est celle dite du Gribouillis dans la marge. Ayez-y recours dès lors qu'un salarié pose sur votre bureau un document qui appelle une décision. De l'écriture la plus indéchiffrable possible, griffonnez dans la marge du document de petits commentaires, et retournez-le à votre secrétaire pour qu'elle fasse suivre à qui de droit. Voici quelques exemples de gribouillis dans la marge :

Exemples de gribouillis dans la marge

- Qu'est slurb chti?
- Pourquoi seres brit idom?
- Quand vesu et tout sama gajo?

En prenant connaissance de votre réponse, votre salarié sera tout d'abord interloqué, puis ivre de rage. Mais, comme vous êtes injoignable pour l'éclairer sur vos commentaires, il s'embarquera dans une quête absurde pour tenter d'apporter une réponse à vos questions. On peut ainsi gagner plusieurs mois. Le salarié revient à la charge? Réitérez la manœuvre, cette fois en griffonnant un truc méchant, du genre : « Atché bolo frichti client???!!! » Les points d'exclamation ont le mérite d'être clairs : ils expriment votre courroux et mettent le salarié en demeure de cesser de vous soumettre des requêtes aussi confuses.

CE DOC REQUIERT UNE DES DÉCISIONS DONT VOUS AVEZ LE SECRET, À LA DIRECTION.
S. Adams E-Mail: SCOTTADAMS@AOL.COM
ON FAIT COMME D'HAB : ÇA DORT TROIS SEMAINES SUR VOTRE BUREAU, ET VOUS M'LE REFOURGUEZ DISCRÉTOS DANS MON BUREAU PAYSAGÉ, AVEC PLEIN DE GRIBOUILLIS DANS LA MARGE.
9-17
© 1994 United Feature Syndicate, Inc.
OU MIEUX : VOUS PERDEZ L'ORIGINAL ET VOUS SOUTENEZ QUE VOUS ME L'AVEZ RETOURNÉ. J'AI PAS FAIT DE COPIE.
HMM

ON PEUT CONCEVOIR UN PRODUIT AVEC SIMPLE INTERFACE PAR DOUBLE-CLICK…
S. Adams E-Mail: SCOTTADAMS@AOL.COM
OU ALORS CONTRAINDRE L'UTILISATEUR À CHOISIR PARMI DES MILLIERS DE COMMANDES OBSCURES, AVEC OBLIGATION D'« INSÉRER DES CARACTÈRES SPÉCIAUX ».
9-30 © 1994 United Feature Syndicate, Inc.
ON RENCONTRE JAMAIS LE CLIENT EN PERSONNE, CELA DIT.
ARRANGEZ-VOUS POUR QU'ON SOIT OBLIGÉ DE REBOOTER À CHAQUE FAUTE DE FRAPPE.

FAUT QUE J'ACHÈTE UN SERVEUR WEB. A QUI J'FAIS SIGNER?
S. Adams E-mail: SCOTTADAMS@AOL.COM
HMM… TOUS LES SERVICES SONT CONCERNÉS, J'EN AI PEUR. SOUMETTEZ-ÇA À TOUS LES DG, À TOUS LES DGA, À TOUS LES CHEFS DE SERVICE, ET À GRIFFON.
5/15 © 1995 United Feature Syndicate, Inc. (NYC)
LE GRIFFON DE LA COMPTA, OU LE LION AILÉ À BEC ET À SERRES D'AIGLE DE LA MYTHOLOGIE?
VOYEZ AVEC LE PLUS CHIANT.

1.13 FAIRE RÉGNER LA CONFIANCE

La clé du succès pour un leader, c'est de gagner la confiance de ses subalternes. Chose qui peut poser problème quand on a affaire à un rat odieux et dénué de tout scrupule, prompt à abuser des privilèges que lui confère son poste à responsabilités pour servir des intérêts personnels. Mais rassurez-vous, on a inventé un outil pour les dirigeants de votre espèce; on appelle ça mentir.

Hors le contexte du travail, mentir, ce n'est pas bien. Si on se fait prendre, ça fait désordre. Mais face à des salariés, c'est une autre histoire. Les salariés, eux, ne disposent pour riposter que d'un arsenal fort réduit. Veillez toutefois à ne pas les approvisionner

en munitions. Et si d'aventure vous deviez perdre leur confiance, changez votre fusil d'épaule. On obtient des résultats sensiblement identiques par la terreur et l'intimidation. Les risques encourus sont quasi-nuls.

1.14 LE LEADERSHIP

Pour donner une idée claire de ce qu'est le leadership, j'utiliserai la parabole des chiens de traîneau d'Alaska. Pour tirer un homme dans un traîneau, il faut un certain nombre de chiens. Mais que les chiens en question aient la présence d'esprit de montrer les crocs, et on s'aperçoit qu'à lui seul, cet homme est capable de tirer un grand nombre de chiens, douillètement installés dans leur traîneau. Eh bien, le leadership, c'est pareil; sauf qu'il n'y a ni chiens, ni traîneau, ni toundra gelée.

(PS. Je ne sais pas au juste ce que signifie le mot toundra, mais je ne crois pas me tromper en affirmant que personne ici n'a envie de se la geler.)

Il faut bien distinguer les talents que requiert le leadership, de ceux que requiert le management. Quand on « manage », par définition, on ventile les ressources humaines de façon à servir au mieux l'entreprise. Le « leadership », au contraire, est l'art qui consiste à ventiler les ressources humaines de façon à servir des intérêts personnels. Optez plutôt pour le leadership. C'est la meilleure solution. Et ça demande moins d'efforts.

Dirigez toujours « par l'exemple ». Admettons que vous vous soyez fixé comme objectif de réduire le budget des frais fixes. Donnez le bon exemple en exigeant de votre chauffeur qu'il aille se faire couper les cheveux au Leclerc du coin. Voilà l'exemple même du sacrifice personnel qui, au sein de votre staff, ne manquera pas de faire émulation. Bientôt, avec l'insouciance du rouleau compresseur, vous vous surprendrez à faire des coupes sombres jusque dans les acquis sociaux les plus indéboulonnables.

Autre idée pour réduire les coûts : partager sa secrétaire avec un homologue. Certes, avec les semaines de 78 heures que vous allez lui infliger, vous risquez d'en faire une femme aigrie et peu ragoûtante. Mais il n'en reste pas moins que des sacrifices personnels pareils, ça fait boule de neige. Vos salariés montreront bientôt un dévouement exemplaire. Au moindre couteau qu'on essaiera de vous planter dans le dos, ils se battront pour faire rempart de leur corps. Et si d'aventure ils omettaient de le faire, attrapez le premier qui vous tombe sous la main, et utilisez-le comme bouclier pour parer le coup. Question protection, le résultat est le même.

Ne vous méprenez pas sur le sens de mes paroles. Il ne suffit pas de faire preuve d'un égoïsme forcené pour être un bon leader. Etre un bon leader, c'est aussi maîtriser l'art d'assener des expressions creuses et de tenir des raisonnements à l'emporte-pièce. En voici quelques spécimens. Apprenez-les par cœur :

- Travaillez moins, mais travaillez mieux.
- C'est un nouveau paradigme.
- Il n'y a pas de problèmes, il n'y a que des solutions.

Sur quoi repose le concept de leadership? Le leadership, c'est l'art de faire faire aux gens des trucs qu'ils ne veulent pas faire. L'idée, c'est de convaincre le salarié que son **bien-être** en dépend. Non pas au sens où on peut lui garantir une table et un gîte décents. Mais au sens où, intellectuellement et spirituellement, on le nourrit. Par chance, on a tant et si bien laminé son ego qu'il est prêt à avaler le premier truc qu'on lui jette en pâture. Un peu comme ces chèvres qui en sont réduites à mastiquer des boîtes de conserves vides.

Pour enjoindre le salarié à accélérer la cadence sans lui accorder la moindre compensation, caressez-lui l'ego dans le sens du poil. Utilisez pour cela les petits messages suivants :

- Vous êtes la perle du service!
- Vous êtes l'homme de la situation!
- Des comme vous, on n'en fait plus!

Si votre salarié continue à vous bassiner sous prétexte qu'il touche à peine plus qu'un éleveur de moucherons du fin fond de l'Uruguay, c'est clair : cette insatisfaction est la marque d'une profonde carence psychologique, sur laquelle vous n'avez de toute façon aucune prise. Ce n'est d'ailleurs pas de votre ressort. Vous, vous êtes manager et c'est déjà bien assez. Y'a pas marqué « Psy » sur la porte de votre bureau.

1.15 IDENTIFIER UN LEADER POTENTIEL

Savoir identifier et promouvoir de futurs décideurs est une qualité qui figure au nombre des attributions d'un cadre dirigeant. Faites en sorte que le niveau de compétences de tout responsable nouvellement promu soit inférieur au vôtre. Sinon, le responsable nouvellement promu essaiera soit de prendre votre place, soit de vous faire passer pour un charlot. Il est de votre plus grand intérêt d'assécher le vivier de talents; ceux qui vous ont nommé ont d'ailleurs fort bien su le faire. Sulfatez tant et si bien qu'au finish, seuls les organismes unicellulaires puissent accéder aux postes à responsabilités.

L'homme naît ignare, égocentrique et sans ressources. En grandissant, la plupart des bébés en réchappent. Exception faite de ceux qui accèdent à des postes de direction. Chez l'adulte cependant, il est parfois difficile de discerner l'ébauche d'un futur meneur d'hommes. Vous qui avez été brillamment reçu, apprenez à repérer les candidats au profil prometteur. Voici quelques signes qui ne trompent pas :

À quoi on reconnaît un décideur en puissance

Un décideur en puissance est un individu…

1. …sur la tête duquel on peut s'essuyer les pieds,
2. …qui opine du bonnet avec un tel entrain quand on parle, qu'au départ, on l'avait pris pour un yoyo,
3. …qui singe vos tics et votre façon de vous habiller avec un tel souci du détail, qu'on peut s'en servir de miroir (par exemple, pour se curer les dents).

2

MOTIVER SES SALARIÉS

2.1 ÉVALUER LA SATISFACTION PROFESSIONNELLE

Afin de maintenir un taux de productivité élevé, on voudrait des salariés épanouis. Pas facile. Des salariés épanouis, ça coûte cher. Ça peut même nuire à la bonne santé de l'entreprise. Il n'y a qu'une façon, saine et économiquement viable, d'aborder ce problème. Consultez la liste suivante et trouvez-la.

Comment optimiser la satisfaction professionnelle de ses salariés

1. En accordant des augmentations.
2. En améliorant l'environnement de travail.
3. En lançant une enquête de satisfaction sous forme de questionnaire, et en ne tenant aucun compte des résultats.

C'est la réponse numéro 3 qui est la bonne. Mais attention. Structurez votre baromètre de satisfaction avec le plus grand soin. À défaut, les salariés pourraient en profiter pour vous dire ce qu'ils ont vraiment sur le cœur et, en retour, attendre que vous preniez des mesures (en clair, que vous vous mettiez au travail, ce qui ruinerait tout le bénéfice d'une telle approche).

L'objectif prioritaire d'une bonne enquête de satisfaction est le suivant : détourner l'attention des salariés des trucs qui leur tapent vraiment sur le système, pour les amener sur un autre terrain. Celui où ils se prennent eux-mêmes en défaut.

Faites figurer ces quelques items dans votre questionnaire :

Items (recommandés) à l'usage d'un baromètre de satisfaction professionnelle

Si vous deviez attribuer une note de 1 à 5 (1 signifiant « vrai » et 5 signifiant « très vrai »), quelle note attribueriez-vous à chacun de ces items?

Je connais mon boulot. Quand une affaire capote, c'est ma faute : j'ai été ou trop bête, ou trop paresseux.	1	2	3	4	5
Mon boss communique souvent avec moi; c'est moi qui n'écoute pas ce qu'il me dit.	1	2	3	4	5
La vision et la stratégie de la société sont claires. Mais j'ai un pois chiche dans la tête et je ne comprends pas toujours très bien.	1	2	3	4	5
Mes collègues sont tous d'immondes cafteurs, mais le chef n'y peut rien.	1	2	3	4	5
Si on me donnait cette chance, c'est avec grand plaisir que j'accepterais une diminution de salaire.	1	2	3	4	5

Items (à éviter) à l'usage d'un baromètre de satisfaction professionnelle

Si vous deviez attribuer une note de 1 à 5 (1 signifiant « vrai » et 5 signifiant « très vrai »), quelle note attribueriez-vous à chacun de ces items?

Mon boss est un tyran ignare.	1	2	3	4	5
Depuis que je travaille dans un bureau paysagé, mon ego s'est ratatiné comme un raisin sec sur un trottoir de Corinthe.	1	2	3	4	5
C'est un tel bordel à la Direction, que je passe mon temps à faire des trucs qui ne servent à rien.	1	2	3	4	5
Je suis entouré d'abrutis.	1	2	3	4	5
Je touche un salaire tellement bas par rapport à ce que je vaux sur le marché que je n'ai qu'une envie, c'est d'aller voir ailleurs.	1	2	3	4	5

2.2 HIÉRARCHISER LES BESOINS

« Motiver les salariés », en quoi ça consiste? Ça consiste à créer les conditions nécessaires à ce que les salariés s'épanouissent tellement dans leur travail qu'ils en perdent de vue leurs intérêts personnels.

Si vos salariés font une fixation sur des objectifs à court terme, tels que se nourrir, se loger, ou avoir droit au bonheur, volez à leur secours. Laissez parler le fin manager qui sommeille en vous. L'idée, c'est de les convaincre d'élever leurs aspirations vers des objectifs à plus long terme : le plan de carrière de leur supérieur direct, par exemple.

Mais avant d'espérer motiver un salarié, il est important de comprendre la hiérarchie de ses besoins.

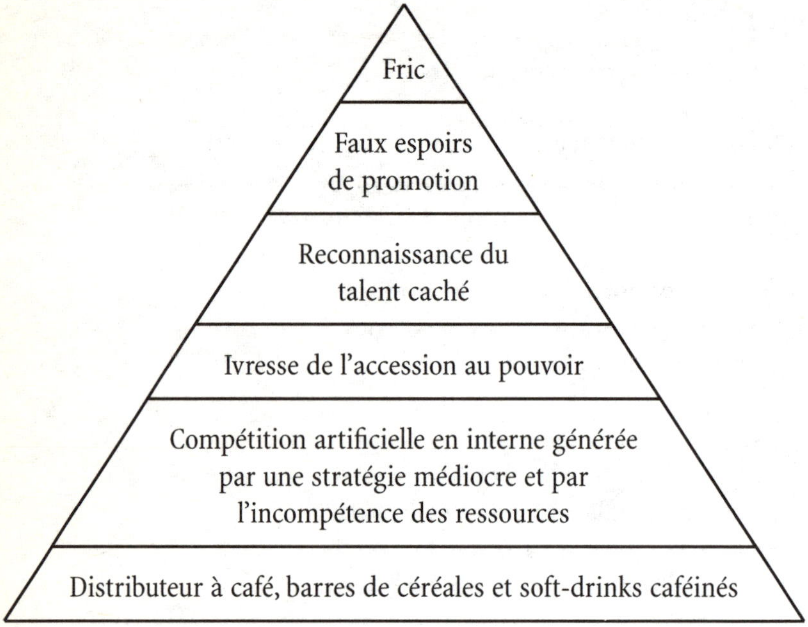

Hiérarchie des besoins chez le salarié

Tant qu'il n'aura pas pleinement satisfait les besoins exposés aux degrés inférieurs de la pyramide, un salarié ne ressentira pas les autres, ceux des niveaux supérieurs. Faites en sorte de lui fournir en quantité tous les trucs des degrés inférieurs. Mais dosez intelligemment. L'idée, c'est de le tenir à distance respectueuse de la ligne Fric.

C'est à force de mener des observations sur des travailleurs épanouis que nos quelques connaissances en matière de motivation des salariés ont pu être établies. Prenez les médecins, au hasard. Les médecins sont parmi les travailleurs les plus motivés du monde. Ils n'hésitent pas à se taper des journées interminables, par exemple. Et qu'est-ce qu'ils y gagnent? Des sommes d'argent colossales, et avec un peu de chance, la guérison de pauvres malades sans défense! Par conséquent, c'est clair : c'est l'envie de faire des journées interminables qui motive tant les médecins.

L'enseignement qu'on peut tirer du cas du médecin me semble exemplaire pour stimuler la motivation de vos effectifs. N'hésitez pas à y recourir. S'ils râlent sous prétexte qu'on les paye à coups de lance-pierres et que le travail est peu gratifiant, augmentez la charge de travail. Vous les verrez bientôt gais comme une bande de carabins. Au pire, vous enregistrerez un taux de suicides comparable à celui qui fait rage au sein de l'ordre des médecins. On appelle ça un problème autocorrectif.

...

2.3 AFFECTER UN GROUPE DE TRAVAIL À LA MOTIVATION

Si vous souhaitez faire porter le chapeau à d'autres suite à la mise en œuvre de cette nouvelle politique de motivation (je ne saurais trop vous recommander de le faire), constituez un groupe de travail dont l'objectif sera de s'auto-motiver.

Les salariés affectés au groupe de travail construiront leur argumentaire autour des deux points sur lesquels ils seront unanimement d'accord :

1. Les réunions n'en finissent jamais.
2. Quelles que soient nos préconisations, on ne nous écoute jamais.

Soyez sans crainte : jamais le groupe de travail ne viendra vous soumettre de préconisations inacceptables. Les salariés sont débiles, mais pas naïfs au point de faire des préconisations qui refléteraient leurs véritables attentes. Sinon, voilà à peu près ce que ça donnerait :

Les préconisations sincères que vos salariés ne vous présenteront jamais

1. Nous serions très motivés par la possibilité de latter la tronche du chef à grands coups de tatanes.
2. Tu vas nous la cracher, ton oseille, sac à merde de singe à lunettes !
3. Y'a une chose qui est sûre, c'est que c'est pas en nous affectant à un groupe de travail pareil qu'on va nous motiver. Au contraire.

Attendez-vous plutôt à ce qu'on vous fasse des préconisations *politically correct*, recyclables à loisir dans le cadre d'une campagne de motivation en interne; vous vous apercevrez en effet que de nombreux points développés dans cet ouvrage y figurent.

2.4 OPÉRATION MÉDAILLES EN CHOCOLAT

Une des politiques les plus faciles à mettre en œuvre est celle que j'appellerais Opération Médailles en chocolat. Le programme est simple : le chef fait le tour des bureaux et lance des compliments aux salariés. Il en résulte une accélération de la production d'endorphines, dont l'action analgésique sur le cerveau ne tarde pas à se faire sentir. Résultat : désormais insensible à la douleur, le salarié double sa cadence, puis s'en retourne joyeusement à la maison s'envoyer en l'air avec sa femme ou son mari, voire, chez certains individus des services généraux, avec un autre membre de sa famille.

Il n'y a pas d'heure pour distribuer des médailles en chocolat. Le chef peut par exemple tomber sur un état mensuel particulièrement brillant et décider d'en faire l'éloge :

« Superbe travail, dites-moi… Ça c'est de l'état mensuel! J'adore ces petits ombrés, là. On vous a jamais dit que vous êtes le Michel-Ange du compte-rendu périodique? »

Peu importe si l'état mensuel en question finit consolidé à la tronçonneuse par un autre salarié, dont la seule valeur aux yeux de l'entreprise est de savoir consolider des états mensuels à la tronçonneuse. Et peu importe si le salarié a passé toute une journée dessus, anéantissant au passage toute possibilité de fournir un réel travail. L'important, c'est qu'il soit reconnu pour la qualité remarquable de son travail inutile. C'est à ce prix-là qu'on maintient la productivité.

2.5 SIMULER L'ÉCOUTE

Faire semblant d'être à l'écoute permet à un cadre dirigeant de gagner instantanément la confiance de ses salariés. L'intérêt de gagner cette confiance, c'est qu'une fois établie, on peut s'en servir pour leur extorquer des heures supplémentaires sans débourser un centime.

Toutes sortes de ruses permettent de faire semblant d'être à l'écoute de ses salariés. Demandez-leur des nouvelles de leur petite famille, de leur santé, ou de leur vie privée, par exemple. Mais attention, veillez à le faire dans un contexte où vous ne risquez pas de vous faire piéger. On a vite fait de se retrouver embringué dans des histoires sordides dont on se passerait volontiers.

Pour un décideur, la meilleure façon d'échapper à ce traquenard est la suivante. Déboulez sur le parking de l'entreprise au volant de votre voiture, et mettez plein gaz sur vos salariés qui se hâtent vers leur lieu de travail en hurlant : « ET LA PETITE FAMILLE, COMMENT ELLE VA??!!! ». Cette méthode, dite du short taillé, offre un taux comparatif écoute simulée/écoute réelle particulièrement attrayant.

IL EST TEMPS DE DÉVELOPPER LA COMMUNICATION ENTRE LA DIRECTION ET… BREF, VOUS AUTRES.
UNE FOIS PAR MOIS, JE FERAI DONC UNE JOURNÉE PORTES OUVERTES.
CHACUN POURRA VENIR PLEURNICHER DANS MON BUREAU ET TOUT ME DIRE.
J'ÉCOUTERAI EN PRENANT UN AIR SOUCIEUX; COMME CECI.
…
…
JE VOUS EXPLIQUERAI ENSUITE POURQUOI IL NE FAUT TOUCHER À RIEN.
ET HOP! LE MORAL ET LES BÉNÉFICES VONT GRIMPER EN FLÈCHE, ET MOI, JE VAIS M'EN METTRE JUSQUE-LÀ AVEC MES STOCK OPTIONS!!
PUIS-JE FAIRE UN COMMENTAIRE À PROPOS DE VOTRE PLAN?
EUH… J'AI RIEN DIT.
VOUS VOYEZ MON AIR SOUCIEUX, LÀ?

VOILÀ : JE SUIS ATTEINT DU SYNDROME DU CANAL CARPIEN…
ZZZZ
VOUS VOUS EN FOUTEZ, DE LA SANTÉ DE VOS SALARIÉS! Y'A QUE LE FRIC QUI COMPTE, POUR VOUS!!
FRIC?
JE DÉVISSE! APPELEZ-MOI LE SAMU, VITE!
FAUSSE ALERTE.
ZZZ

2.6 PETITS CADEAUX PAS CHER

Imaginons que l'un de vos salariés génère des dizaines de millions de francs pour l'entreprise, en travaillant seize heures par jour sur un produit donné. Voilà l'occasion de faire d'une pierre deux coups, question motivation. Organisez une méga-réunion et remettez à l'employé modèle un cadeau qu'il n'oserait jamais se payer lui-même. Une boucle de ceinture représentant le logo de la société, ou un truc dans le genre.

Ce type de reconnaissance publique présente un double avantage. D'une part, on stimule la noble motivation de l'employé modèle; d'autre part, on attise la jalousie maladive de ses collègues. Résultat : ils se transforment à leur tour en bourreaux de travail.

Quand vous décernez une récompense, évitez les trucs qui auraient une réelle valeur marchande, du genre stock options ou primes d'intéressement. Le message perçu risque de ne pas être le bon. Au lieu de s'estimer flattés d'avoir été admis au sein du « club » très fermé des possesseurs de boucle de ceinture, ainsi que vous en avez exprimé le vœu, certains pourraient soudain se voir comme des éléments précieux qu'on exploite.

CHAMPAGNE! LES BÉNÉFICES DE LA SOCIÉTÉ ONT ATTEINT UN NIVEAU RECORD!
S. Adams E-mail: SCOTTADAMS@AOL.COM
DISTRIBUTION GÉNÉRALE DE T-SHIRTS!
CHOISISSEZ VOTRE TAILLE; IL Y A DU « SMALL », DU « EXTRA SMALL » ET DU « NAIN ».
Y'A PAS LE NOM OU LE LOGO DE LA SOCIÉTÉ DESSUS?
HÉ, PAS IDIOT POUR L'ANNÉE PROCHAINE!

...

...

C'EST DU 1 % COTON, 99 % MÉLANGÉ, ET C'EST GARANTI FAIT MAIN PAR D'AUTHENTIQUES ESCLAVES.
4/28/96 © 1996 United Feature Syndicate, Inc.
CLASSE! AU MOINS, ON EST SÛR QUE LES T-SHIRTS FAITS LE VENDREDI ONT PAS ÉTÉ BÂCLÉS.
T'AS PAS LE SENTIMENT QUE NOS PERSPECTIVES DE CARRIÈRE EN ONT PRIS UN COUP?
COMMENCE PAS, ALICE.
LA LAYETTE, NOUS VOILÀ!

NOTRE « POLITIQUE DE RECONNAISSANCE » ATTRIBUERA DÉSORMAIS LE NOM D'UNE PIERRE PRÉCIEUSE À VOTRE NIVEAU DE PERFORMANCES.
S. Adams E-mail: SCOTTADAMS@AOL.COM
LE NIVEAU LE PLUS HAUT, C'EST « DIAMANT ». A CHAQUE NOUVEL ÉCHELON, ON VOUS DÉCERNERA UNE BAGUE.
7/14/96 © 1996 United Feature Syndicate, Inc.(NYC)
T'ES SÛR QUE LE TALC, C'EST UNE PIERRE PRÉCIEUSE?
M'A SEMBLÉ QUE ÇA BRILLAIT...

2.7 IMPOSER LA COMPAGNIE DE GENS PEU AGRÉABLES

Pour rappeler à vos salariés qu'ils devraient déjà s'estimer heureux d'être encore en vie, voici une excellente tactique : astreignez-les à passer encore plus de temps en compagnie de leur supérieur direct et de leurs collègues.

Constituez par exemple une équipe de pétanque au sein de votre staff, et employez des moyens de pression subtils pour contraindre les gens à se porter volontaires. Faire partie d'une équipe de pétanque, c'est formidable; on a constamment sur le dos des camarades de bureau d'un ennui implacable, et en plus, on a la chance de pouvoir lester son cartable avec des boulets de plomb.

Au seuil d'une défaite cuisante, sous les ricanements de l'écrasant adversaire que vous aurez mis en face, les salariés qui constituent votre équipe de pétanque vont être édifiés. Tant sur leurs collègues que sur la vie au sens large. Hélas, tous ces enseignements sur la vie ne feront que les miner un peu plus. Avec un peu de chance, certains envisageront même le suicide. Mais ils sauront bientôt se résoudre à la défaite; non pas à titre individuel, mais de façon collective, comme un ensemble hétéroclite de collègues qui se vouent une haine féroce. Voilà qui mettra un terme aux bavardages dans les couloirs.

2.8 DONNER « DES TRUCS INTÉRESSANTS » À FAIRE

Vos salariés ont beau vous soûler avec leurs demandes d'augmentation, leur besoin de reconnaissance, et leurs journées de travail qui n'en finissent pas, ce qu'ils veulent vraiment, c'est que vous leur donniez « des trucs intéressants » à faire. Alors donnez. Et ne lésinez pas sur la quantité.

N'oubliez jamais ceci : une tâche qui peut vous paraître assommante, à vous, décideur aguerri, exercera sur un salarié une véritable fascination. Préposé aux comptes fournisseurs, par exemple. Voilà un job parfaitement intéressant. Alors pourquoi se fatiguer à le rendre plus intéressant encore? Contentez-vous d'alourdir la charge de travail; ça fera le même effet.

…

…

2.9 CRÉER LE CHALLENGE

Le « challenge », les salariés en raffolent. Créez artificiellement un maximum de challenges. Bombardez-les par exemple de demandes d'argumentaires et de compte-rendus périodiques. Augmentez la cadence jusqu'à ce qu'ils n'aient plus un instant pour fournir un travail réel. Voilà le type de challenge qu'il leur faut.

Vous avez un dossier particulièrement gratiné sur les bras? Déléguez-le à un subalterne, en le présentant à l'élu comme un « challenge à relever ». Cette distinction syntaxique, à première vue mineure, fait toute la différence. Résultat : le salarié s'attelle à la tâche avec la vigueur d'un athlète olympique, sans se rendre compte qu'il est en train de se faire piétiner comme un vil acarien. Savoir choisir ses mots, c'est important.

2.10 LE CERTIFICAT D'APPRÉCIATION

Rien ne stimule plus un salarié que l'ivresse que procure un certificat d'appréciation. Ce n'est pas la valeur de l'objet qui compte, c'est le message qu'il véhicule. En d'autres termes, le message perçu doit être celui-ci :

Vous valez ce que vaut ce certificat.

Bien qu'il sanctionne des réalisations **passées**, un tel certificat n'en reste pas moins une source de motivation puissante pour l'avenir. On multiplie ainsi les probabilités de récompense. Ainsi, au prix d'un travail acharné et s'il maintient son effort, le salarié en question peut espérer décrocher un nouveau certificat d'appréciation. Éventuellement présenté, cette fois-ci, sous magnifique cadre de plastique.

(Espoir vain, bien entendu, puisque le but de la manœuvre est de distribuer les certificats à la pelle, de façon à motiver *tout le monde*, et pas seulement les fayots.)

2.11 PROMESSES EN L'AIR DE PROMOTIONS

Accorder une promotion à un salarié, ça coûte cher. En revanche, la lui faire miroiter dans un futur non déterminé, ça ne coûte pas un centime. Sur le plan de la motivation, on réalise ainsi un profit maximum, pour un investissement nul. Quand le futur en question arrive (et c'est généralement ce qui se passe), le salarié se plaint. Normal, puisque la promesse de promotion ne s'est pas concrétisée. L'heure de l'escroquerie dite du *team leader* est alors venue.

On arrive parfois à faire gober à un salarié qu'il a été promu. Nommez-le *team leader* et assurez-lui que son salaire est supérieur à celui des autres éléments du service. Comme sa qualité de *team leader* ne lui donne pas accès à la grille des salaires, il lui est impossible de mettre en cause vos allégations.

Cette tactique, qui ne vous coûtera pas un centime, présente une valeur ajoutée : en plus de son propre boulot, le *team leader* se tape une bonne partie du vôtre.

2.12 LA CAROTTE DE LA PRÉSENTATION À UN DIRECTEUR ADJOINT

À en croire le personnel, les directeurs adjoints sont tous des cons odieux, incompétents et dénués de scrupules. Inutile de le préciser, les salariés ne rêvent pourtant que d'une chose : avoir l'occasion de passer un petit moment en leur compagnie. Une tactique de motivation extrêmement efficace consiste donc à faire miroiter aux salariés, en récompense de bons et loyaux services, la possibilité de se faire remarquer par la Direction.

Les salariés sont persuadés qu'en se faisant remarquer, ils vont marquer des points. Ils en meurent d'envie, de se faire remarquer. Ils s'imaginent que l'éclat particulier de leur regard ou que la sagesse de leur discours va retenir l'attention du cadre supérieur. Ils voient déjà le cadre supérieur à genoux, les suppliant d'accepter un poste de conseiller spécial.

FANTASME DE SALARIÉ

Le salarié : Je me disais que nous devrions agrandir le parking.

Le directeur adjoint : Oh mon Dieu! Voilà une idée tout simplement extraordinaire. J'appelle les responsables pour qu'on fasse immédiatement le nécessaire.

Le salarié : Oh, ce n'est rien. Des idées, j'en ai par milliers.

Le directeur adjoint : A compter de ce jour, je n'entreprendrai rien sans vous avoir consulté au préalable.

Le salarié : Arrêtez, vous me faites rougir.

VOUS AVEZ ÉTÉ DÉSIGNÉ PAR SÉLECTION ALÉATOIRE POUR UN DÉJEUNER AVEC L'UN DE NOS CADRES DIRIGEANTS.
LES CADRES PROUVENT AINSI QU'ILS SONT DES GENS NORMAUX, TOUT COMME VOUS ET MOI.
© 1991 United Feature Syndicate, Inc.
AU DÉJEUNER
SI JE VEUX, JE VOUS ÉCRASE COMME UN VER!
HA HA HA
HA HA HA!

DILBERT A ÉTÉ CHOISI POUR UN DÉJEUNER EN TÊTE-À-TÊTE AVEC UN CADRE.
SACHEZ QUE JE SUIS QUELQU'UN DE TOUT À FAIT NORMAL…
OH, BIEN SÛR, JE GAGNE UN PETIT PEU PLUS QUE VOUS ET J'AI UN GRAND BUREAU…
© 1991 United Feature Syndicate, Inc.
ET JE SUIS BEAUCOUP, BEAUCOUP PLUS INTELLIGENT QUE VOUS, CELA VA SANS DIRE.

DÉJEUNER AVEC UN CADRE DIRIGEANT
LE BUT DE CES DÉJEUNERS EST DE MIEUX CONNAÎTRE LA POSITION DE NOS EMPLOYÉS. PARLEZ LIBREMENT, JE VOUS EN PRIE.
EH BIEN… IL SEMBLERAIT QU'IL N'Y AIT DANS CETTE ENTREPRISE NI STRATÉGIE NI LEADERSHIP. TOUTE INITIATIVE PERSONNELLE EST SÉVÈREMENT RÉPRIMÉE PAR LES CADRES, QUI SANCTIONNENT TOUS CEUX QUI PRENNENT DES RISQUES OU ÉMETTENT UNE OPINION.
© 1991 United Feature Syndicate, Inc.
VOUS NE ME LAISSEZ GUÈRE LE CHOIX. JE ME VOIS CONTRAINT DE VOUS JETER CE GNOCCHI AU VISAGE.

2.13 PRIMES DE RENDEMENT ET PERFORMANCES IMPOSÉES

On a peine à le croire, mais ce qui semble motiver certains salariés, c'est l'argent. Le rapport de cause à effet n'en a pas été scientifiquement établi, mais certains faits le corroborent de manière troublante.

Accordez des primes de rendement suffisamment maigres pour que les bénéfices d'exploitation n'en pâtissent pas trop, mais des primes suffisamment généreuses quand même. Autrement, le salarié pourrait déchirer son chèque en mille morceaux, le mâcher jusqu'à en faire une immonde boulette dégoulinante de bave, et vous la recracher furieusement dans l'oreille. Commencez à 2 500 F.

Ne distribuez que quelques primes par an. Seules quelques rares élus devraient y avoir droit. Sinon, la valeur de la prime serait diminuée d'autant. L'idée, c'est que vos salariés arrivent le matin en se disant :

« Aujourd'hui, je suis peut-être le plus mauvais employé de l'entreprise. Mais en travaillant dix-huit heures par jour, j'ai une chance sur cent de me faire 2 500 F d'argent de poche, avant déduction d'impôts. A nous deux, Las Vegaaaas! »

Ce type de prime incite chacun, tout au long de sa journée, à évaluer la moindre de ses activités. Résultat : tout travail improductif, du genre travail d'équipe ou autre, est soigneusement écarté.

Pour l'attribution de ces primes, la Direction ne prendra en compte que les performances qu'elle peut raisonnablement placer « au-delà de ses espérances ». Les salariés, eux, considèrent volontiers que le travail qu'ils fournissent est fondamentalement « au-delà des espérances ». Mais c'est le devoir d'un décideur économe que de constamment redéfinir les objectifs de son personnel, de façon à y inclure tout ce qu'un être humain est raisonnablement capable de faire, sans exception. On appelle ça responsabiliser. Les entreprises réalisent ainsi une économie en primes de rendement qui se chiffre en milliards de francs.

2.14 PRIMES À CEUX QUI RAMÈNENT LEURS MICROBES AU BUREAU

A l'occasion, les salariés n'hésiteront pas à exploiter la mort ou la maladie pour ne pas se rendre au travail. Jouez sur les primes pour limiter de tels agissements.

Inutile d'offrir des cadeaux coûteux pour encourager l'assiduité. Nous l'avons vu, le salarié de base est vite comblé : un petit réveil digital, un cochonnet de pétanque, voire même un article de papeterie fait l'affaire. L'important, c'est qu'on reconnaisse la valeur de cette assiduité.

Certains viendront se plaindre que tel ou tel collègue, qui se sera traîné à genoux jusqu'au bureau, contamine tout le service en s'ébrouant comme un lévrier afghan qui se serait roulé dans la bouse. Rappelez-leur que nul n'est à l'abri de la maladie (surtout parmi les salariés). Alors, ils ne devraient pas jeter si vite la pierre à un collègue.

2.15 FIXER LES OBJECTIFS

Demandez à vos salariés de s'impliquer dans le processus de détermination de leurs propres objectifs. On appelle ça sous-traiter. Regardez : c'est franchement rigolo.

Demandez à chacun de vos salariés d'établir une liste d'objectifs ciblés. Les plus intelligents inventeront des objectifs sympathiques mais impossibles à évaluer, dans ce genre :

Objectifs sympatiques mais impossibles à évaluer

- Tenue d'une revue de presse minutieuse visant à déceler les grandes tendances qui conditionnent le secteur.
- Acquisition d'une technologie de pointe et exploration systématique d'Internet à la recherche d'informations d'importance stratégique.
- Participation à des salons et à des conventions sous des latitudes ensoleillées, dans des zones à faible taux de criminalité, afin de « toucher » de gros clients.
- Intervention en qualité de conseiller spécial sur tout projet d'envergure.

Le salarié s'attend naturellement à ce que vous « mettiez la barre plus haut », et à ce que vous lui demandiez de « cerner » ses objectifs, de manière à pouvoir les évaluer avec un petit peu plus de précision. Un processus naturel de concessions mutuelles se met en place, et finalement, on en arrive à un consensus sans ambiguité. C'est ce que nous avons appelé plus haut « sous-traiter ». Dans leur version finalisée, les objectifs sont clairs et bien définis. Ils permettent enfin une évaluation précise, comme nous le voyons ci-après :

Objectifs bien définis et faciles à évaluer

- Mise en place d'un système d'exploitation informatique garantissant à l'entreprise le monopole sur tout calcul informatisé à l'intérieur du système solaire. Ce nouveau système d'exploitation informatique devra être compatible Windows 95.
- Émission de relevés journaliers faisant état d'une hausse de 20 % des bénéfices de la société.
- Construction de nouvelles agences commerciales avec huile de coude pour seul outil.
- Réduction de 150 % des réclamations client par tout moyen à votre convenance, y compris, mais pas exclusivement, par la violence.
- Découverte d'un gisement pétrolifère sous chaque bureau paysagé.
- Et surtout : vous ÉCLATER!!!

Ce dernier objectif souligne tout l'intérêt que vous portez à vos salariés.

Il arrivera un moment (très exactement le moment précis où les objectifs vont sortir de l'imprimante) où les données vont changer et où, fatalement, les objectifs que les salariés auront eux-mêmes définis n'auront plus de raison d'être. Plutôt que de les reprendre un par un pour porter des modifications aussi mineures, assurez verbalement votre personnel que ces objectifs seront corrigés « de tête ».

C'est fou, l'apaisement et la sérénité qui se lisent dans le regard d'un salarié dès qu'on lui annonce que ses objectifs ont été corrigés « de tête ». Le voilà qui fronce le sourcil, terré au fond de sa petite chaise à se tordre les mains et à se tortiller comme un ver. C'est tout juste s'il ne vous demande pas un coin de bureau pour actualiser son CV. Pas la peine d'être un expert en langage subliminal du corps pour voir dans ce type de comportement une marque de confiance absolue.

Lorsque l'heure de l'évaluation des performances sera venue, il y a belle lurette que vous, vous aurez été muté à la tête d'un autre service. Concernant tous ces salariés que vous aurez laissés sur le carreau, soyez serein. Certes, votre contrat stipule que vous êtes responsable de vos salariés jusqu'à l'évaluation des performances, quand bien même vous auriez quitté le service. Mais rassurez-vous, personne ne vous obligera à honorer cette clause; on l'a juste rajoutée pour les motiver un brin.

En revanche, il va bien falloir évaluer les performances des nouveaux effectifs dont vous venez d'écoper. Vous n'avez pas la moindre idée de ce qu'ils ont bien pu faire tout au long de l'exercice en cours, mais bon : à ce stade, leurs objectifs auront de toute façon été redéfinis. Mettez-ça sur le dos de votre prédécesseur, fulminez qu'il est parti en vous laissant des tiroirs vides, et prétextez un appel urgent dans votre bureau. Continuez comme ça jusqu'à être une nouvelle fois transféré, et étouffez discrètement l'affaire.

Si, par le plus grand des hasards, vous restiez trop longtemps au même poste, il se peut que les cases « Évaluation des performances » et « Augmentations de salaire » se révèlent incontournables. Alors? Commencez par demander à vos salariés une évaluation par écrit de leurs propres performances. Mais méfiance! Dans la mesure où, en dernière analyse, il ne sera tenu aucun compte de leurs prétentions, ce genre d'initiative risque de leur sembler fumeuse. En plus, ils pourraient s'imaginer qu'ils sont là en train de faire le boulot à votre place. Alors dissipez ces menus soucis : faites semblant de vous intéresser à eux.

Bien entendu, les salariés allègueront qu'il est impossible d'évaluer ses propres performances face à des objectifs qui ont été redéfinis entre-temps. Donnez-leur des instructions pour qu'ils s'inventent des objectifs *a posteriori*, sur la base des performances concrètement réalisées. Et notez-les en conséquence.

À ce stade, les salariés vont sérieusement se poser la question de savoir si vous valez vraiment tout l'oxygène que vous brûlez sur cette terre. Mais plutôt que de se perdre en considérations philosophiques, ils se repaîtront de l'opportunité qui leur est soudain offerte : en rajouter un max sur leurs réalisations, dans l'espoir de décrocher une copieuse augmentation de salaire.

Tout cela est très mignon. Mais ne soyez pas gêné aux entournures sous prétexte que vos nouvelles ouailles font usage de superlatifs pour qualifier la moindre de leurs prétendues réalisations. Ce qu'ils guignent, bien entendu, c'est une augmentation substantielle. Contrecarrez leurs plans en adoptant l'une de ces deux stratégies :

1. Expliquez-leur que, bien qu'ils aient largement tenu leurs objectifs, les objectifs en question sont loin d'être prioritaires dans la stratégie de l'entreprise. En ce qui vous concerne, vous ne récompensez que ceux qui « pèsent dans la balance ».

2. Expliquez-leur que de telles performances sont effectivement remarquables, mais que l'entreprise a connu une année très difficile. En clair, que tout le monde aura droit à la même augmentation ridicule.

2.16 L'ÉVALUATION DES PERFORMANCES

Parmi les divers outils de motivation dont vous disposez, l'évaluation annuelle des performances est le plus efficace. Seul inconvénient : ça oblige à adresser la parole au personnel un peu plus d'une fois par an. Mais rassurez-vous. Avant d'avoir à y recourir, vous aurez fort probablement été appelé à de nouvelles fonctions.

Votre objectif est simple. Il consiste à convaincre chacun des salariés que l'évaluation annuelle des performances, c'est fait pour évaluer les performances. Bien évidemment, la réalité est toute autre. La seule chose que ça évalue vraiment, c'est votre faculté à anticiper les changements qui affecteront leurs futures conditions de travail. Or, par définition, ces changements sont impossibles à prévoir. Mais l'expérience prouve qu'on ne peut pas tout dire aux salariés : il faut y mettre les formes. Sinon, au lieu de les motiver, on en fait des cyniques. Utilisez donc votre impressionnant pouvoir de persuasion pour les amener à penser que les conditions de travail sont une constante immuable et définie bien à l'avance. La seule variable, ce sont *leurs* performances.

DEMAIN : ÉVALUATION DES PERFORMANCES. BONJOUR L'ANGOISSE.
2/24
S. Adams E-mail: SCOTTADAMS@AOL.COM
POUR VOUS LES HOMMES, C'EST PLUS FACILE. VOUS ÊTES CONDITIONNÉS PAR DES ANNÉES DE REJET ET DE MÉPRIS GÉNÉRALISÉS.
SÛR QUE ÇA AIDE…
© 1996 United Feature Syndicate, Inc. (NYC)
GLOBALEMENT, JE QUALIFIERAIS VOS PERFORMANCES DE "SIMIESQUES".
VOUS ME FLATTEZ.

J'AI SUBSTITUÉ À L'ANCIENNE ÉCHELLE D'ÉVALUATION UN SYSTÈME BEAUCOUP PLUS CONVIVIAL. DÉSORMAIS, JE VOUS COMPARERAI À UN ANIMAL.
S. Adams E-mail: SCOTTADAMS@AOL.COM
VOUS, C'EST TYRANNOSAURUS REX.
2/25
© 1996 United Feature Syndicate, Inc. (NYC)
T-REX! LE PLUS MAJESTUEUX DES DINOSAURES!!
CONSIDÉREZ PLUTÔT LA TAILLE DU CERVEAU.

À COMPTER DE CE JOUR, LES AUGMENTATIONS SERONT CALCULÉES AU PRORATA DE L'ÉVALUATION DONNÉE PAR VOS COLLÈGUES.
3-2
S. Adams © 1993 United Feature Syndicate, Inc
VIRTUELLEMENT, SI MES COLLÈGUES ONT DROIT QU'À UNE AUGMENTATION MINIME, Y'EN RESTERA PLUS POUR MOI DANS LE BUDGET, NON?
Internet: scottadams@aol.com
ILS SONT ENCORE PLUS EXPÉDITIFS QUE NOUS, LES BOUGRES.

IL EST EN RÉUNION AVEC LE COMITÉ DE DIRECTION POUR FIXER LES SALAIRES EN FONCTION DES PERFORMANCES.
S. Adams
www.unitedmedia.com
TOUT DÉPEND DE L'APTITUDE DE VOTRE SUPÉRIEUR À DÉFENDRE LA DEMANDE D'AUGMENTATION AUPRÈS DE SES CONFRÈRES.
SNIFF
7/12/96 © 1996 United Feature Syndicate, Inc. (NYC)
IL ME SEMBLE BIEN QUE CE DILBERT TRAVAILLE DANS VOTRE SERVICE, POURTANT.
JAMAIS ENTENDU PARLER.

C'EST À VOTRE TOUR, POUR L'ÉVALUATION ANNUELLE DES PERFORMANCES.
S. Adams
VOUS CONNAISSEZ LE PRINCIPE.
VOUS ALIGNEZ VOS PERFORMANCES SUR LES VARIABLES DE CE QUESTIONNAIRE.
« 1 – ESTIMEZ LA VALEUR MARCHANDE DES RESPONSABILITÉS QUI VOUS ONT ÉTÉ CONFIÉES SUR L'ANNÉE EN COURS. CITEZ DES EXEMPLES. »

…

…

J'AI FIXÉ À L'AVANCE LE MONTANT DE VOTRE AUGMENTATION : FAITES EN SORTE QUE VOS PERFORMANCES LE JUSTIFIENT.
E-Mail: SCOTTADAMS@AOL.COM
DITES-MOI CE QUE VOUS AVEZ DÉCIDÉ, ÇA IRA PLUS VITE.
QUOI… POUR RUINER TOUT MON PROCESSUS DE MOTIVATION??
© 1993 United Feature Syndicate, Inc.
6-6
QU'EST-CE QUE J'AI FAIT POUR AVOIR DES SALARIÉS AUSSI CYNIQUES?

2.17 AUGMENTER LA RENTABILITÉ

Ce serait trop beau, si les salariés pouvaient fonctionner à plein rendement sans qu'on ait besoin de leur secouer les puces. Mais je ne vous apprendrai rien en vous disant que les salariés sont de gros flemmards égoïstes. Alors, appliquez des méthodes de management modernes.

Trois clés permettent d'augmenter la rentabilité du personnel :

1. Le slogan
2. La menace
3. Les heures supplémentaires obligatoires non rémunérées.

Je n'ai pas dit qu'il suffisait d'inventer des slogans pour obtenir une hausse de la productivité. Les slogans, il faut les afficher en grand sur les murs. Et sur de gigantesques calicots, avec ça. Histoire de montrer qu'on n'est pas là pour rigoler. En ce qui vous concerne, faites au moins ce petit effort; sinon, comment voulez-vous que les salariés s'aperçoivent du mal que vous vous donnez pour leur extorquer un peu plus de travail sans leur accorder un centime de plus?

Pour augmenter la rentabilité, la menace se révèle un outil précieux. Je prends un exemple : imaginons que deux plongeurs soient lâchés en même temps dans des eaux infestées de requins. Ce qui motivera le premier, c'est la volonté d'éviter les requins avec le plus grand talent possible. Le second, ce sera la peur de se faire dévorer. Alors, à votre avis, lequel des deux nagera le plus vite?

Quelle importance, au fond, puisque ni l'un ni l'autre ne s'en sortira vivant? Un grand requin blanc, ça ne mâche pas ses mots… Vous me suivez dans mes hauts-fonds spirituels? Bref, si c'est du rendement que vous voulez, engagez des requins, pas des plongeurs. Un requin, ça nage plus vite. Et ça ne vient pas pleurer pour une augmentation.

Cela dit, si pour des considérations d'ordre éthique ou autre, le commerce avec les requins n'est pas votre tasse de thé, d'autres tactiques restent à envisager. Regardez :

D'innombrables heures sont gaspillées chaque jour sous prétexte qu'un salarié, ça veut à tout prix se nourrir, à tout prix dormir, et à tout prix procréer. Réduisez ces périodes improductives en imposant à votre personnel des heures supplémentaires non rémunérées.

En présence des salariés, évitez toutefois d'appeler ça « heures supplémentaires non rémunérées ». Préférez des termes comme « conscience professionnelle ». L'important, c'est que ce soit gratifiant. Évitez à tout prix de lancer des trucs comme : « Ha ha ha, on vous extorque des heures sup' pour pas un rond!!! », par exemple. Ça les démotiverait plus qu'autre chose.

On pourrait croire que les journées interminables, ça rend le salarié plus créatif. Mais rassurez-vous, il n'y a pas matière à s'inquiéter : ce n'est pas de la créativité, c'est juste de la démence. Et de toute façon, ça revient strictement au même. Sauf que la démence, ça revient moins cher en fournitures.

Au contraire de la créativité, qui est une source constante de problèmes pour l'entreprise, la démence ne risque pas d'alourdir un budget de frais variables. Le problème, c'est qu'on a parfois du mal à faire la différence entre les deux. Mais contentez-vous d'examiner les oreilles de vos salariés, et vous serez fixé. Si l'oreille est percée de multiples boucles, c'est clair; vous avez affaire à un créatif. Dans ce cas, méfiance! Mais si l'oreille est sauvagement arrachée, là, c'est un fou furieux; vous pouvez dormir tranquille.

VOILÀ ENCORE UN TRUC PARFAITEMENT INUTILE QUI DEMANDERA UN SUIVI RIGOUREUX.
JE DÉLÈGUE ÇA À UN SUBALTERNE, LE SUBALTERNE S'IMAGINE QUE JE LE RESPONSABILISE, ET MOI, J'ANÉANTIS D'UN COUP MORAL ET PRODUCTIVITÉ.
UNE CHANCE, JE L'AI EN DOUBLE EXEMPLAIRE!

MES JOURNÉES N'EN FINISSENT PLUS… J'AI DROIT À UNE VIE DE FAMILLE!
ALICE, MA PETITE ALICE…
LA GÉNÉRATION DU « MOI D'ABORD », C'ÉTAIT BON DANS LES ANNÉES 80. LES ANNÉES 90, CE SONT CELLES DU « RENONCEMENT ». VOUS FEREZ DES SEMAINES DE 178 HEURES, COMME TOUT LE MONDE.
IL N'Y A QUE… EUH, 168 HEURES DANS LA SEMAINE.
VOTRE FAMILLE N'A QU'À VOUS DONNER UN COUP DE MAIN.

ALICE, ON ME SIGNALE QUE VOUS PASSEZ VOS NUITS EN FAMILLE.
CES HEURES-LÀ POURRAIENT ÊTRE CONSACRÉES À DES TÂCHES PRODUCTIVES. DES HEURES NON RÉMUNÉRÉES, PAR EXEMPLE.
VOUS SAVEZ CE QUE C'EST, UNE FAMILLE?
HMM… TOUS CES GENS CHEZ MOI, CE SERAIT DONC…

2.18 RESSERRER LES RANGS : LE STAGE « SPÉCIAL TRAVAIL D'ÉQUIPE »

Si vous vouez une haine cordiale à vos salariés, ou si vous voulez les pousser à démissionner sans indemnités, faites passer le message en leur imposant des stages de motivation visant à les familiariser au travail d'équipe. Les plus efficaces de ces stages sont ceux qui peuvent s'ensuivre de mort d'homme ou de démembrement.

Le stage de motivation « spécial travail d'équipe » ne vise pas simplement à réduire les effectifs. C'est aussi un moyen qu'on met à la disposition des salariés pour leur apprendre à se connaître les uns les autres. On leur offre ainsi gracieusement la possibilité d'optimiser leur propre rendement. En effet, un salarié qui prend conscience de l'incompétence de ses collègues (non seulement au sein de l'entreprise, mais également par le biais de toutes sortes d'exercices bidon qui lui sont imposés dans le cadre d'un stage « spécial travail d'équipe »), ce salarié, donc, abandonne une fois revenu au bercail tout espoir de solidarité de la part de ses « camarades de bureau ». Les velléités de réunion sont ainsi éliminées, et la productivité augmente.

JE VOUS AI TOUS INSCRITS AU STAGE DE MOTIVATION DES CADRES "RIVIÈRES ET FORÊTS".
VOUS Y SEREZ TESTÉS DANS LE CADRE DE TOUTE UNE SÉRIE D'ÉPREUVES DANGEREUSES DANS LES BOIS. VOTRE SURVIE DÉPENDRA DE VOTRE CRÉATIVITÉ ET DE VOTRE CAPACITÉ À TRAVAILLER EN ÉQUIPE.
C'EST UN STAGE « SPÉCIAL TRAVAIL D'ÉQUIPE », QUOI.
JE VOIS PLUTÔT ÇA EN TERMES DE COMPRESSION.

AU STAGE DE MOTIVATION DES CADRES "RIVIÈRES ET FORÊTS"
NOUS COMMENCERONS AVEC CETTE ÉPREUVE DE CONFIANCE.
SOIT VOUS DÉLIVREZ VOTRE COLLÈGUE DES GRIFFES DE L'OURS, SOIT VOUS MANGEZ CES PÉPITOS. VOUS AVEZ UNE MINUTE POUR DÉCIDER.
OK. QUI VEUT INTÉGRER LA CELLULE DE RÉFLEXION SUR L'OPÉRATION PÉPITOS?
ET HOP!

AU STAGE DE MOTIVATION DES CADRES "RIVIÈRES ET FORÊTS"
NOUS CONTINUERONS AVEC CETTE ÉPREUVE DE CRÉATIVITÉ.
VOTRE MISSION CONSISTE À CONSTRUIRE UNE PISTE D'ATTERRISSAGE D'AÉROPORT COMMERCIAL, EN VOUS SERVANT D'UNE FEUILLE ET D'UN CADAVRE D'ABEILLE.
ON A VOTÉ, NON? NOUS, C'EST LA CONCEPTION. LA RÉALISATION, C'EST TOI.
VOTRE TEMPS EST ÉCOULÉ.

2.19 RENVERSER LES OBSTACLES

On peut stimuler la motivation de ses employés en proposant de « renverser les obstacles » qui se dressent en travers de leur chemin. La tâche risque d'être ardue, puisqu'en général, l'obstacle numéro 1 n'est autre que vous-même. Quant aux rares problèmes dont vous n'êtes pas la cause, ils vous dépassent ; n'essayez pas de vous y frotter, ce serait peine perdue.

La meilleure solution consiste à vous engager personnellement à renverser les obstacles. Puis, alléguez que vous avez essayé, mais qu'untel ou untel étaient sensés vous rappeler et qu'ils ne l'ont jamais fait. Autre solution : prétendre que vous avez « grillé vos dernières cartouches » mais que rien n'y a fait.

VOICI LA MAQUETTE FINALISÉE DU PROJET OMEGA. J'AI TRAVAILLÉ JOUR ET NUIT POUR BOUCLER DANS LES TEMPS.
J'AI DÉCIDÉ IL Y A UN MOIS DE NE PAS DONNER SUITE. J'ALLAIS VOUS LE NOTIFIER.
DANS UN AUTRE PAYS, JE POURRAIS VOUS TRUCIDER À COUPS DE CLASSEUR ET CE SERAIT LÉGAL.
POURQUOI CROYEZ-VOUS QUE JE NE VOYAGE JAMAIS?

ALICE, CES DOSSIERS QUI S'EMPILENT DE MANIÈRE DISGRACIEUSE CONSTITUENT UNE VIOLATION GRAVE À MA POLITIQUE « BUREAUX RANGÉS ».
ALICE
…ET VOUS, REVENEZ PAS ME GONFLER AVEC VOS HISTOIRES D'ERGONOMIE, HEIN!
WALLY

LES 7 HABITUDES DE CEUX QUI RATENT TOUT CE QU'ILS ENTREPRENNENT
OUILLE!
1. IGNOREZ TOUT SIGNE DE MALAISE CHEZ VOTRE INTERLOCUTEUR.
ON RÊVE! C'EST MOI QUI PARLE ET C'EST VOUS QUI FATIGUEZ?
2. AMUSEZ-VOUS À RABAISSER LES AUTRES EN PUBLIC.
NOTRE NOUVEAU VENU FERAIT UN TABAC DANS UNE SÉRIE TV; LASSIE, PAR EXEMPLE.
3. RETOURNEZ TOUTE PLAINTE CONTRE CELUI QUI LA FORMULE.
VOUS NE ME MOTIVEZ GUÈRE.
VOUS AVEZ ESSAYÉ LE PSY?
…
…
4. DÉBARQUEZ EN RETARD EN RÉUNION ET SOULEVEZ UNE CONTROVERSE.
ON DEVRAIT PROPOSER CE CHER BARNEY AUX "GUIGNOLS" !
5. DONNEZ VOTRE AVIS SUR DES TRUCS AUXQUELS VOUS NE COMPRENEZ RIEN.
ALLEZ VOIR DANS « EXTENSION DU PROGRAMME ASSEMBLEUR ».
6. AFFICHEZ VOS PRÉJUGÉS SOUS COUVERT DE COMPLIMENTS.
SUPERBE PHOTOCOPIE, MA PETITE ALICE. UN HOMME N'AURAIT PAS FAIT MIEUX!
7. FEUILLETEZ LES BD SANS VOUS SENTIR VISÉ.
HÉ HÉ! J'ADORE CES DEUX TOUFFES DE CHEVEUX!

NOTRE NOUVELLE PHILOSOPHIE SERA : « LE PREMIER ESSAI EST LE BON. »
VOILÀ QUI VA VOUS INSPIRER DANS VOTRE QUÊTE DE QUALITÉ. EN EFFET, AUCUNE ERREUR NE SERA TOLÉRÉE.
J'AI UNE QUESTION.
VU QUE L'ERREUR EST HUMAINE, VOTRE PHILOSOPHIE NE RISQUE-T-ELLE PAS PLUTÔT DE NOUS BRISER DANS NOTRE ÉLAN?
...
...
PARALYSÉS PAR LA HANTISE DE L'ERREUR, NOUS SERONS LES VICTIMES DE NOTRE PROPRE UTOPIE.
POURQUOI PAS « LE PREMIER QUI ESSAIE EST VIRÉ », PENDANT QU'ON Y EST?
JE RESPECTE VOTRE POINT DE VUE.
RICHARD, SORTEZ-MOI DE GRANDS POSTERS « LE PREMIER ESSAI EST LE BON ».
IL EST ANESTHÉSIÉ, RICHARD.
AUTRE QUESTION : POURQUOI LE MORAL DES SALARIÉS EST-IL SI BAS?
© 1995 United Feature Syndicate, Inc.

LA CADENCE A-T-ELLE DOUBLÉ, DEPUIS QUE JE VOUS AI DOUBLÉ VOTRE EFFECTIF?
S. Adams E-mail: SCOTTADAMS@AOL.COM
J'AI CODÉ DOUZE MODULES... BARRY VIT LES AFFRES DE L'ÉVEIL. IL DEVRAIT PAS TARDER À COMPRENDRE QUE MA SOURIS, C'EST PAS UN MICRO.
ALLÔ? Y'A QUELQU'UN?
© 1995 United Feature Syndicate, Inc. (NYC)
ÇA EXPLIQUERAIT POURQUOI PERSONNE NE BRONCHE QUAND JE FAIS MES DÉCLARATIONS PAR HAUT-PARLEUR...

VOS PERFORMANCES SUR L'ANNÉE ONT ÉTÉ PLUTÔT BONNES, MAIS VOS OBJECTIFS N'ÉTAIENT PAS PRIORITAIRES. PAR CONSÉQUENT : AUGMENTATION MINIMUM.
S. Adams E-mail: SCOTTADAMS@AOL.COM
CES OBJECTIFS, C'EST VOUS QUI ME LES AVEZ FIXÉS. ÇA DIT QUOI SUR LES VÔTRES, DE PERFORMANCES?
© 1995 United Feature Syndicate, Inc. (NYC)
ELLES SONT REMARQUABLES. JE TOUCHE UNE PRIME POUR JUGULER LA MASSE SALARIALE.
OÙ PUIS-JE TROUVER DES OUVRAGES TRAITANT DE LA VIOLENCE SUR LE LIEU DE TRAVAIL?

JE PERÇOIS DES SIGNES DE PRODUCTIVITÉ, LÀ. JE VOUS DÉMÉNAGE DANS UN AUTRE BUREAU PAYSAGÉ.
DILBERT
S.Adams E-mail: SCOTTADAMS@AOL.COM
VOTRE TÉLÉPHONE ET VOTRE ORDINATEUR SERONT COUPÉS PLUSIEURS SEMAINES. VOS DOSSIERS MIS EN CARTONS ET PERDUS.
6/17 © 1995 United Feature Syndicate, Inc. (NYC)
BON DIEU! AVANT, VOUS FAISIEZ AU MOINS SEMBLANT D'ÊTRE DE NOTRE CÔTÉ!!
LOSER, VA!

CE CAMEMBERT EN 3-D COULEUR MET EN ÉVIDENCE UNE INEXPLICABLE HAUSSE DES FRAIS.
S.Adams E-mail: SCOTTADAMS@AOL.COM
DANS CES CLASSEURS, VOUS TROUVEREZ CHACUN UNE CHARTE DES CAMEMBERTS COULEUR. VOUS POURREZ AINSI NOUS AIDER À DÉTERMINER LA CAUSE DE CETTE HAUSSE DANS NOS FRAIS.
2/19/96 © 1996 United Feature Syndicate, Inc.(NYC)
ÇA COÛTE CHER, LES PHOTOCOPIES COULEUR?
ÇA Y EST, JE LE VOIS!
ON JOUE PAS À "L'ŒIL MAGIQUE", HÉ, BANANE!

VOUS POUVEZ FAIRE UNE DÉMO DU NOUVEAU PRODUIT À NOTRE VICE-PRÉSIDENT, LA SEMAINE PROCHAINE?
S.Adams E-mail: SCOTTADAMS@AOL.COM
BEN... ÇA RETARDERAIT LA DATE D'ENVOI, ÇA MINERAIT LE MORAL DES TROUPES ET ÇA FERAIT EXPLOSER LA DEMANDE SUR DE NOUVELLES DÉMOS INUTILES...
3/6/96 © 1996 United Feature Syndicate, Inc.(NYC)
LOGIQUEMENT, PUISQUE VOTRE OBJECTIF EST DE MONTRER QUE NOUS FOURNISSONS UN TRAVAIL SOIGNÉ...
AH... N'OUBLIEZ PAS LE CALICOT "LA QUALITÉ D'ABORD".

ALICE, VOUS FAITES DES JOURNÉES DE 18 HEURES. J'AI RÉALISÉ QUE LES EFFECTIFS DEVAIENT ÊTRE RENFORCÉS.
S. Adams E-mail: SCOTTADAMS@AOL.COM
J'AI DONC ENGAGÉ UN MANAGER DE NUIT. A PARTIR DE 18 H, SITÔT QUE JE QUITTERAI LE TRAVAIL, C'EST LUI QUI VOUS DEMANDERA DE JUSTIFIER DE VOTRE RETARD.
4/15/96 © 1996 United Feature Syndicate, Inc.(NYC)
JE PRÉFÈRE AVOIR MES ÉTATS D'AVANCEMENT EN 3-D. MAIS N'Y PASSEZ PAS TROP DE TEMPS QUAND MÊME.

CE CHIEN EST SPÉCIALEMENT ENTRAÎNÉ POUR DÉPISTER LE PERSONNEL INUTILE.
S. Adams E-mail: SCOTTADAMS@AOL.COM
IL VA M'AIDER À DÉTERMINER POURQUOI VOTRE PROJET EST HORS DÉLAI; AVEC MOI, VOUS ÊTES POURTANT DOUBLEMENT SUPERVISÉE.
SNIFF SNIFF
4/16/96 © 1996 United Feature Syndicate, Inc.(NYC)
DÈS QU'IL AURA FINI DE FAIRE MUMUSE, NOUS POURRONS COMMENCER.

SI NOUS VOULONS CETTE NICHE DU MARCHÉ, CERTAINES PHASES DOIVENT ÊTRE ÉLIMINÉES.
S. Adams E-mail: SCOTTADAMS@AOL.COM
OUBLIONS L'ÉTUDE DE MARCHÉ ET LES ESSAIS TECHNIQUES. ÇA NE FAIT QU'ALOURDIR LES CHARGES.
5/3/96 © 1996 United Feature Syndicate, Inc.(NYC)
ET HOP, ÇA DÉGAGE! ET ON SE PREND LA NICHE!
...EN PLEINE GUEULE.

VOICI MES PRÉVISIONS BUDGÉTAIRES POUR L'ANNÉE.
S. Adams E-mail: SCOTTADAMS@AOL.COM
MON PLAN EST SIMPLE : VU LE BORDEL QUI RÈGNE À LA DIRECTION, ON TOUCHE PAS AU CAPITAL PENDANT PLUSIEURS MOIS. ET EN FIN D'EXERCICE, ON SE VAUTRE TÊTE BAISSÉE DANS UNE ORGIE D'ACQUISITIONS
5/4/96 © 1996 United Feature Syndicate, Inc.(NYC)
C'EST BIEN CE QUE VOUS SOUHAITIEZ?
RAPPELEZ-MOI CE QUE SIGNIFIE « CAPITAL », DÉJÀ?

J'AI COMME LE PRESSENTIMENT QU'UNE GALÈRE VA ME TOMBER DESSUS.
E-mail: SCOTTADAMS@AOL.COM
GRANDE NOUVELLE!
AÏE!
C'EN EST FINI DE VOS LONGUES JOURNÉES SOLITAIRES DANS CE BUREAU PAYSAGÉ EXIGU.
VOUS ME DONNEZ UN BUREAU?
MIEUX QUE ÇA! UN COLOCATAIRE!
...
...
QUOI??? MAIS Y'A DES BUREAUX PAYSAGÉS VIDES DANS TOUT LE BUILDING! ON EST PROPRIOS, EN PLUS.
1/7/96 © 1996 United Feature Syndicate, Inc.(NYC)
LES MÈTRES CARRÉS, ÇA COÛTE CHER, DANS UN BUDGET DE FRAIS FIXES.
ÉCONOMIES BIDON! AU DÉTRIMENT DE L'ENTREPRISE, EN PLUS!
DÉSAGRÉABLE, CE GRÉSILLEMENT.
BAH! FAUT VOIR...
VOUS AIMEZ LES FLAGEOLETS ET VILLAGE PEOPLE, VOUS AUSSI?

2.20 REJETER SYSTÉMATIQUEMENT LES SUGGESTIONS

Vos salariés constituent une source intarissable d'idées que vous auriez dû avoir vous-même. La honte, quoi. Et ces idées, ils voudront à tout prix les partager avec vous.

Ne les envoyez pas bouler direct. Admettez que pour le personnel, ce ne serait guère motivant. Entretenez plutôt le feu de leur ardeur en adoptant une politique visant à systématiquement rejeter la moindre suggestion. Et pour maquiller vos intentions véritables, baptisez-la par exemple : « Programme de suggestions des salariés ». Enfin, histoire de donner l'impression à vos salariés qu'ils font partie de la famille (en partant du principe qu'ils viennent d'une famille prostituée), n'hésitez pas à faire miroiter des primes d'encouragement.

Le programme de cette politique doit créer les conditions nécessaires à ce que toute idée émise soit rabattue vers celui qui aurait dû la concevoir à l'origine. Cette personne peut alors refuser à l'émetteur sa prime d'encouragement en alléguant l'une des raisons imparables suivantes :

1. « J'ai eu très exactement la même idée hier! Les grands esprits se rencontrent! »
2. « Cela ne peut pas marcher pour la bonne et simple raison que... (placez ici une raison illogique révélant que vous n'y comprenez strictement rien). Merci de votre collaboration. »

JE VIENS DE PRENDRE CONNAISSANCE DE VOTRE SUGGESTION.
NOUS APPLIQUERONS LE PRINCIPE HABITUEL : ON VOUS ASSIED AU MILIEU D'UN PARQUET D'ABRUTIS, UNE COUVERTURE HUMIDE SUR LA TÊTE.
Y'A UN PRINCIPE, AU MOINS.
C'ÉTAIT QUOI, DÉJÀ, TA SUGGESTION?
© 1992 United Feature Syndicate, Inc

QU'EST-CE QUE TU NOUS FAIS, RICHARD?
LE BOSS M'A AFFECTÉ À UN GROUPE DE TRAVAIL SPÉCIAL POUR VOIR SI L'HUMOUR STIMULE LA CRÉATIVITÉ. JE DOIS PORTER CE TRUC PENDANT UN MOIS.
ET ELLE DIT QUOI, TA CRÉATIVITÉ?
ÇA BAIGNE. J'AI DÉJÀ TROUVÉ SIX CENTS IDÉES DIFFÉRENTES POUR LE LYNCHER.
© 1992 United Feature Syndicate, Inc

DANS LE CADRE DE MA POLITIQUE « HUMOUR ET PRODUCTIVITÉ », CHACUN EST PRIÉ D'ENFILER UN DOSSARD « FAIS-MOI MAL ».
FAIS-MOI MAL
JE REPASSERAI PLUS TARD, POUR VOIR SI VOUS ÊTES PLUS RELAX ET PLUS CRÉATIFS.
PLUS TARD...
N'ABUSEZ TOUT DE MÊME PAS DE LA SITUATION, ALICE.
© 1992 United Feature Syndicate, Inc

SÉMINAIRE DOGBERT SUR LES ZOMBIES DU MANAGEMENT
LA CLÉ DU SUCCÈS POUR UN BON ZOMBIE, C'EST D'ANÉANTIR LA CRÉATIVITÉ DE SES COLLÈGUES.
LORSQU'UNE IDÉE VOUS EST SOUMISE, ADOPTEZ UNE EXPRESSION FACIALE DÉNOTANT À LA FOIS LA PEUR ET UNE TOTALE INCAPACITÉ À COMPRENDRE
POURRIEZ M'EXPLIQUER?
CEUX D'ENTRE VOUS QUI SONT AU MARKETING, CONTENTEZ-VOUS DE TRAVAILLER L'ASPECT « PEUR ».

C'EST MON PREMIER JOUR DANS CETTE BOÎTE ET J'AI DÉJÀ UNE IDÉE D'ENFER.
ZIP
SPLOOSH!
LA TOUTE PREMIÈRE FOIS, C'EST TOUJOURS UN PEU DUR.
AVEC LE TEMPS, TU TE CALMES.

SUGGESTION INTÉRESSANTE, RICHARD. MAIS SI C'ÉTAIT UNE SI BONNE IDÉE QUE ÇA, D'AUTRES ENTREPRISES L'AURAIENT SÛREMENT DÉJÀ EUE.
J'LE CROIS PAS! ÇA VOUS SEMBLE SI INCONCEVABLE, QUE J'PUISSE AVOIR UN JOUR UNE IDÉE À LAQUELLE PERSONNE N'AIT JAMAIS PENSÉ?!!
VOUS AVEZ TROUVÉ ÇA DANS UN LIVRE.
MERCI DE LA CONFIANCE QUE VOUS ME TÉMOIGNEZ.
T'AS LU UN LIVRE ??

RICHARD ET MOI, ON A GAMBERGÉ SUR UN NOUVEAU PRODUIT GÉNIAL.
S. Adams E-mail: SCOTTADAMS@AOL.COM
ALERTE À TOUTES LES UNITÉS!!
DANGER! IDÉE!
3/1/96 © 1996 United Feature Syndicate, Inc.(NYC)
VEUILLEZ EXPRIMER VOTRE IDÉE, SVP.
CASSE-IDÉES
EUH, VAS-Y, TOI. DIS-LUI.

LES SEULES SUGGESTIONS QUI SONT RETENUES, C'EST LES TRUCS DÉBILES ET SANS INTÉRÊT.
S. Adams www.unitedmedia.com
POUR VÉRIFIER MA THÈSE, J'AI DONC SOUMIS DES TRUCS DÉBILES ET SANS INTÉRÊT.
© 1996 United Feature Syndicate, Inc.(NYC)
SUGGESTION : REMPLACER TOUS LES CRAYONS 2B PAR DES CRAYONS HB. POUR UN COÛT ÉGAL, LES MINES SONT MOINS GRASSES ET DURENT PLUS LONGTEMPS
ON PEUT TENTER LE COUP.

2.21 HIÉRARCHISER LES PRIORITÉS

Lorsqu'un tire-au-flanc de salarié vous demande de hiérarchiser les priorités, ce n'est jamais qu'une manœuvre sournoise pour se dérober aux tâches soi-disant ingrates. Contrecarrez cette manœuvre cousue de fil blanc en décrétant que **tous** les objectifs, sans exception, sont absolument prioritaires. Résultat : si un objectif quelconque devait ne pas être tenu, vous pourrez désigner un coupable. Motif : la hiérarchie des priorités n'a pas été respectée. Simple, non?

Le salarié vient pleurer que la hiérarchie des priorités devrait être repensée? Faites-le revenir à de meilleurs sentiments en affichant un courroux certain. Pour simuler la colère, c'est tout simple. Messieurs, plongez la main sous votre bureau et compressez-vous violemment les testicules, de telle sorte que votre visage s'injecte de sang et que vos yeux jaillissent de leurs orbites. Mesdames, imaginez vos homologues masculins, beaucoup mieux payés que vous, assis derrière leurs petits bureaux en train de se compresser les testicules; vous obtiendrez un résultat identique.

2.22 LE MICRO-MANAGEMENT

Si vos salariés vous trouvent à peu près aussi efficace qu'un marteau en papier crépon, corrigez cette perception erronée en appliquant la méthode dite du micro-management. Le micro-management a deux visages bien distincts : l'attitude d'une part, et l'application d'autre part.

Attitude : Dites-vous bien que vos salariés sont des débiles profonds, à peu près aussi débiles que des passoires sans trous. Et que sans vous, ils seraient mal barrés.

Application : Mettez systématiquement votre grain de sel. Votre personnel bénéficiera ainsi de votre longue expérience : de la mise en retrait des paragraphes à la complexe théorie de la conception des microcomposants.

Appliqué à la chose écrite, le micro-management se révélera particulièrement efficace. Certes, pas besoin d'avoir fait Normale Sup' pour porter des corrections sur des documents établis par un staff d'analphabètes sous-doués. Mais si d'aventure vous n'arriviez pas à y déceler d'erreurs patentes, voici quelques améliorations qui vous permettront de faire étalage de vos connaissances :

Remarques d'ordre général susceptibles d'optimiser n'importe quel document

1. « Vos virgules ne viennent pas assez en gras. Choisissez un corps supérieur. »
2. « Placez-moi la locution « synergie proactive » de loin en loin. »
3. « Vous utilisez la lettre « e » à tort et à travers. Ce n'est guère professionnel. »

Mais c'est lorsque les délais sont serrés et que l'impression papier d'un document demande des heures, que le micro-management appliqué à la chose écrite est encore le plus efficace. Le personnel a ainsi tout loisir d'apprécier votre contribution à sa juste valeur.

On peut également appliquer le micro-management à des décisions d'ordre technique. Imaginons par exemple que votre salarié ait été brillamment reçu à l'université de Stanford avec une maîtrise d'électrotechnique. Et admettons que vous, vous ayez failli obtenir un diplôme d'histoire de l'art au lycée technique de Lamotte-Beuvron. (En l'occurrence, « failli » signifie que vous envisagiez effectivement de vous inscrire, mais qu'à l'époque vous n'avez pas trouvé de timbres.) Servez-vous de votre solide instruction, conjuguée à votre logique impénétrable, pour déceler et corriger les erreurs de votre incapable de salarié. Vous ferez ainsi une démonstration magistrale de vos compétences.

Dans une situation hypothétique de ce genre, le salarié pourrait toutefois se plaindre amèrement que vous preniez des décisions arbitraires en n'étant pas familier du sujet. Dissipez promptement ce malentendu en appliquant une autre méthode, appelée celle-là « intimidation ».

Bref, tant que vous avez le pouvoir de rejeter la faute sur des innocents, la pratique du micro-management ne présente strictement aucun risque. Et si, du fait de votre incompétence galactique, vous en arriviez à massacrer un projet hautement respectable, prenez-vous en au premier salarié qui vous tombe sous la main et faites-lui porter le chapeau : il n'avait qu'à « l'ouvrir » plus tôt.

VOUS AVEZ DONC IGNORÉ MA RECOMMANDATION ET INVESTI DANS UN SYSTÈME BAS DE GAMME ABSOLUMENT INADÉQUAT…
ET POUR MASQUER CETTE BOURDE, VOUS M'AVEZ IMPOSÉ CETTE PRÉCONISATION DANS MES OBJECTIFS…
VOUS, VOUS TOUCHEZ UNE PRIME POUR L'ÉCONOMIE RÉALISÉE. MOI, ON ME VIRE, DONC ON ÉCONOMISE ENCORE PLUS. RÉSULTAT : VOUS TOUCHEZ UNE SECONDE PRIME.
J'AI LE VENT EN POUPE.
S. Adams E-mail: SCOTTADAMS@AOL.COM
12/7 © 1995 United Feature Syndicate, Inc.(NYC)

BONNE SYNTHÈSE… MAIS AJOUTEZ-MOI UNE PHRASE STIPULANT QUE LA MICRO-ROBOTIQUE EST UNE IMPASSE TECHNOLOGIQUE.
MAIS JE DIS EXACTEMENT LE CONTRAIRE! SI JE RAJOUTE ÇA, MON RAPPORT TIENT PLUS DEBOUT. C'EST N'IMPORTE QUOI!
TSS, TSS… NOUS VEILLERONS À CE QUE PERSONNE NE S'EN APERÇOIVE.
VOUS JOUEZ SUR TOUS LES TABLEAUX, QUOI…
S. Adams E-Mail: SCOTTADAMS@AOL.COM
© 1993 United Feature Syndicate, Inc.
5-22

JE VIENS DE PRENDRE CONNAISSANCE DE VOTRE PROJET D'ÉTAT D'AVANCEMENT.
VOUS DITES QUE LE PROJET EST RETARDÉ « PAR SUITE DES BOURDES INCESSANTES D'UN INDIVIDU À TOUFFES DE CHEVEUX, QUI NE SAIT PAS DE QUOI IL PARLE ».
PLUTÔT QUE : « PAR SUITE DES », METTEZ : « GRÂCE AUX ». ON GAGNERA EN CLARTÉ.
S. Adams E-Mail: SCOTTADAMS@AOL.COM
5-24
© 1994 United Feature Syndicate, Inc.

CHANGEZ-MOI LES DATES… ET RAJOUTEZ SIX RÉUNIONS SUPPLÉMENTAIRES. ET UTILISEZ L'EXPRESSION « BÉNÉFICE-CLIENT ».
S. Adams E-Mail: SCOTTADAMS@AOL.COM
EUH… MAÎTRE! LAMINÉ PAR VOTRE MICRO-MANAGEMENT, MON EGO SE MANIFESTE ET IMPLORE VOTRE CLÉMENCE.
RATATINÉ JE SUIS!
1-6-95 © 1994 United Feature Syndicate, Inc.
FONCEZ ME CHERCHER DES ESSUIE-TOUT… CINQ… AUX WC-HOMMES. VITE!
WHAP!

J'AI DÉCIDÉ D'ÊTRE PLUS DIRECTIF.
S. Adams E-mail: SCOTTADAMS@AOL.COM
DÉPLACEZ LA SOURIS… VERS LE HAUT… ENCORE UN CHOUÏA… LÀ…
ALLEZ-Y, CLIQUEZ!! CLIQUEZ, JE VOUS DIS!!
5/29 © 1995 United Feature Syndicate, Inc. (NYC)
NOOON!!! ABRUTI!!!!
BELLE JOURNÉE EN PERSPECTIVE.

JE PENSE, DONC JE SUIS.
S. Adams E-mail: SCOTTADAMS@AOL.COM
MAIS JE SUIS MICRO-MANAGÉ, DONC JE NE SUIS PAS.
7/31 © 1995 United Feature Syndicate, Inc. (NYC)
JUSTE UNE PETITE QUESTION PHILOSOPHIQUE À VOUS POSER.
TOI, C'EST TOI ET MOI, C'EST MOI. QUESTION NON RECEVABLE, PAR CONSÉQUENT.

2.23 CRÉER ARTIFICIELLEMENT L'URGENCE

Il se peut que périodiquement aucun problème pressant ne surgisse dans votre service (aucun en tout cas dont vous décideriez de faire cas). Hélas, les salariés en profiteront pour se ramollir, devenir tout bouffis, et perdre de vue l'éthique « Je rame dans le sable » que vous vous êtes donné tant de mal à leur inculquer. Remédiez à ce genre de situation en créant artificiellement l'urgence.

La surface de votre bureau est un endroit excellent pour laisser « s'affiner » les dossiers qui ne seraient pas déjà hors d'âge. Une fois la date limite dépassée, mettez la main sur l'un des rares salariés qui ne soit pas déjà tendu comme une corde à violon. Puis, déléguez le travail au compte-gouttes en soulignant le caractère urgent de la chose.

Pour tirer le meilleur effet d'une telle opération, observez dans un premier temps la réaction de l'élu, sans lui confier le dossier proprement dit. Laissez reposer une dernière petite semaine sur votre bureau. C'est cette dernière semaine d'affinage qui fera toute la différence.

Autre technique intéressante permettant de créer artificiellement l'urgence : brandir l'épouvantail de la concurrence. Aux yeux de votre personnel, la dangereuse menace qu'elle est censée faire peser est tout ce qu'il y a de plus crédible. Eh oui! L'incompétence a meilleure image lorsqu'elle fait rage au loin que lorsqu'on la subit de plein fouet. Vos concurrents ont beau être de gros bœufs incapables; à côté des bataillons de nez-de-cuir qui sévissent dans vos murs, ils font figure d'énarques surdoués. Résultat : vos salariés redoublent leur effort, même si l'effort en question ne vise désormais qu'un seul objectif : décrocher un job en face.

GÉREZ-MOI ÇA EN URGENT. PRIORITÉ ABSOLUE.
PRIORITÉ ABSOLUE?? DATÉ D'IL Y A UN MOIS? ÇA DORT SUR VOTRE BUREAU DEPUIS DES SEMAINES, ET C'EST VOTRE PRIORITÉ ABSOLUE??
PAS MA PRIORITÉ ABSOLUE, LA VÔTRE. ÇA N'A JAMAIS ÉTÉ MON PROBLÈME.
EUH, BIEN… DANS CE CAS…

URGENT!
DOSSIER URGENT!!
ON SE SECOUE, LÀ!!
SI VOUS LAISSIEZ PAS POURRIR LES TRUCS SUR VOTRE BUREAU, ON N'EN SERAIT PAS LÀ; C'EST TOUJOURS SOIT LIMITE, SOIT RÂPÉ!
OK. DÉSORMAIS, ÇA SERA RÂPÉ…
URGENT
LIMITE
RÂPÉ

J'AI HIÉRARCHISÉ VOS MISSIONS PAR ORDRE DE PRIORITÉ. ÇA VOUS ÉVITERA DE VOUS DISPERSER.
A PART "VIE PRIVÉE", TOUT EST "PRIORITÉ ABSOLUE".
ÇA M'AIDE VACHEMENT.
EN ATTENDANT, JE CONTINUE LA LISTE DES "SOUS-PRIORITÉS" À BOUCLER EN URGENT.

2.24 LE *FRIDAY WEAR*

Si vos salariés sont astreints toute la semaine au costard-cravate ou au tailleur-escarpins, instituez le *Friday Wear*. En clair, tenue décontactée exigée le vendredi. Ça les motivera. La culture d'entreprise définit la « tenue décontractée » au moyen de trois critères complémentaires.

Définition institutionnelle de la « tenue décontractée »

1. Les vêtements qui vous vont comme des bretelles à un singe.
2. Les vêtements qui vous donnent un air amateur.
3. Les vêtements qui vous font un cul plat.

Le « jean-baskets » sera rigoureusement proscrit. Normal : c'est agréable à porter, plutôt cool et en plus, on a tous ça dans notre penderie. D'ailleurs, tout investisseur aguerri le sait bien : tolérer ce genre d'écarts, ça fait chuter le cours de l'action. Et pour le client, c'est rédhibitoire.

TUYAU SHOPPING : QUAND VOUS ENVISAGEZ D'ACQUÉRIR UN NOUVEL ORDINATEUR, DEMANDEZ TOUJOURS AU FABRICANT QUEL GENRE DE VÊTEMENTS PORTENT LES SALARIÉS. PAS VOTRE STYLE? ALORS CHANGEZ DE FABRICANT.

Bien qu'aucune expertise scientifique ne permette d'établir avec certitude un rapport direct entre le port des « vêtements non conformes » et l'effondrement de l'économie mondiale, un brin de bon sens suffit. Hypothèse optimiste : les vêtements non conformes incitent à prendre des décisions non conformes. Hypothèse pessimiste : ils contribuent au réchauffement de la planète. Alors n'allez pas jouer les apprentis-sorciers.

2.25 LA COMPÉTITION EN INTERNE

Au royaume de la compétition, le savoir, c'est le pouvoir. Et tout savoir managérial prend sa naissance à deux sources.

Sources du savoir managérial

1. Les clichés du genre : « Le savoir, c'est le pouvoir. »
2. La logique.

Les clichés sont des fondations sur lesquelles on construit la logique et qui nous permettent, par-là même, d'approfondir notre compréhension du monde. Examinons pour commencer trois clichés (donc trois vérités fondamentales) et laissons faire la logique.

Vérités fondamentales

- La compétition, c'est la santé.
- Quand on a la santé, on a tout.
- Qui aime bien châtie bien.

Raisonnement logique : puisque la compétition, c'est la santé (et que quand on a la santé, on a tout), il coule de source que quand il y a compétition, on a tout. Et quand on a tout, les autres n'ont droit à rien puisque tout est déjà pris. Conclusion : si quelqu'un veut un truc, il est obligé de mendier.

Quand on oblige quelqu'un à mendier, c'est un peu comme si on le châtiait. Or, nous l'avons vu, on dit que « qui aime bien châtie bien ». Conclusion logique : créer la compétition est un acte d'amour. Résumons maintenant cet enchaînement logique :

Compétition = Santé = Tout =
Mendicité = Châtiment = Amour.

Pour générer un maximum d'amour, un maximum de compétition est donc nécessaire. Les lamentables entreprises de votre secteur n'arrivent pas à satisfaire vos gros besoins? Compensez en créant la compétition en interne, au sein de votre propre personnel. Comment? C'est simple : au cours d'une réunion de travail, confiez un dossier à un salarié. Puis, lors d'une autre réunion et sans faire état d'une quelconque duplication, confiez ce même dossier à un second salarié.

(NB : Veillez au préalable à asseoir votre réputation de personnage soupe-au-lait. Devant témoins, décapitez un stagiaire d'un grand coup de mâchoire, par exemple.)

En découvrant le pot-aux-roses, vos deux salariés viendront vous bassiner pour que vous « clarifiez » les rôles. Envoyez-les bouler et dites-leur de se débrouiller entre eux. Puis prenez un air renfrogné les accusant de se comporter en irresponsables. Travaillez un air distant et légèrement ennuyé (l'effet optimum sera obtenu en absorbant une grande quantité de fromage la veille au soir).

Les deux salariés ainsi mis en compétition ne tarderont pas à comprendre que leurs salaires sont en ballottage. Pour mener à bien la mission, une seule solution : mettre des bâtons dans les roues à l'autre. D'où le combat acharné de pit-bulls qui va s'ensuivre.

N'imaginez pas pour autant que vous faites de vos salariés des frustrés, des stressés, ou des hystériques. Bref, des candidats à l'infarctus. Cette compétition est au contraire des plus saines; on a vu des gens florissants de santé (voire dépasser le cap de la cinquantaine) dans un contexte pareil! Je dirais même plus : la compétition, ça permet de faire remonter la « mauvaise graisse » à la surface. Comme ça, à la prochaine réduction d'effectifs, on n'a plus qu'à dégraisser.

(PS : On remarquera que la plupart de ces suggestions managériales fonctionnent par paires.)

2.26 EXPLOITER LA RUMEUR

La rumeur est une invention formidable qui permet de maintenir le salarié dans un état de nervosité et d'irritabilité avancé. Cet état est comparable à l'état dit « d'éveil », en mieux. Un salarié vivace comprend les traitements qu'on lui inflige et fait de la résistance; un salarié sur les nerfs, au contraire, turbine à plein régime. Et un beau jour, terrassé par le stress, il s'écroule en pleine course. On n'a même pas eu le temps d'en faire un cynique. Bref, tout le monde est gagnant.

Une tactique efficace pour lancer la rumeur, c'est de nier en bloc. Dans le monde de l'entreprise, chacun sait que la plupart des rumeurs se vérifient tôt ou tard. Une chose est sûre en tout cas : il n'y a pas de fumée sans feu. Pour alimenter la rumeur tout en la niant, une technique imparable consiste à glisser dans votre argumentation un détail qu'il vous serait impossible de connaître si la rumeur était si fantaisiste que ça.

Dénis de rumeurs que vous ne ferez avaler à personne

- « Non, nous n'allons pas fourguer nos salariés sous-productifs à une faculté de médecine qui en recherche dix-huit pour le début de l'année civile, le 4 octobre prochain! »

- « Non, nous n'avons pas l'intention de vous remplacer par des primates au rendement 10,3 fois supérieur au vôtre ! »

- « Non, nous n'envisageons pas de construire nos nouveaux bureaux sur une décharge de déchets toxiques pour réduire le budget des frais fixes de 23 % ! »

3

COMMUNIQUER

3.1 DONNER SES INSTRUCTIONS VERBALEMENT

Pour vous réserver la possibilité de nier que vous avez trempé dans telle ou telle décision, donnez vos instructions non pas par écrit, mais verbalement. Si plus tard un salarié essaie de vous impliquer, regardez-le d'un air consterné, comme s'il avait perdu la raison. Restez solidement sur vos positions : avec un minimum de persévérance, votre salarié finira *effectivement* par la perdre, la raison. Et là, vous serez inattaquable. Quant à la prochaine réduction d'effectifs, ce sera du gâteau.

Mais tout n'est pas rose pour autant. Rendre chèvre tous ses salariés, ça peut avoir des conséquences fâcheuses. Il faut bien des gens pour faire le boulot. Ce sont quand même eux qui vous nourrissent (sauf bien sûr quand vous demandez à votre secrétaire de vous commander un plateau-repas et que vous « oubliez » de la rembourser).

Diriger un service de cinglés présente par conséquent un risque certain. Il commence à y avoir lieu de s'en inquiéter lorsque, chez le salarié, la légère aliénation fait place à la profonde névrose. Apprenez à en repérer les signes avant-coureurs.

Signes avant-coureurs de profonde névrose chez un salarié

- Accepte volontiers la critique quand elle est constructive.
- Se comporte comme si une évolution de carrière était possible.
- Affiche un goût démesuré pour les M&M's.
- Utilise le mot « proactif » quand il taille le bout de gras.

3.2 ÉDITER UNE NEWSLETTER

Si les salariés ont l'air si démotivés, n'allez pas chercher midi à quatorze heures. Parfois, c'est tout simplement parce que l'entreprise n'édite pas sa newsletter. À quoi bon un journal interne, me direz-vous? Un journal interne, ça permet à la DG de « faire passer le message » des priorités de l'entreprise.

Sélectionnez au sein de votre staff un individu particulièrement incompétent et chargez-le de concevoir une lettre d'information. Un salarié ne peut que se sentir honoré de se voir confier une mission aussi prestigieuse. Mieux : la rédaction d'une newsletter, c'est une fonction qu'on peut rajouter à la liste des fonctions déjà définies par n'importe quel poste. Par conséquent, ça ne coûte pas un kopek à l'entreprise. N'omettez pas de souligner ce point au salarié que vous aurez désigné pour le job.

On entend souvent les salariés se lamenter que la direction ne communique pas assez. La lettre dite d'information permet justement de combler ce manque. Et sans en laisser filtrer une seule, d'information. Mais attention! Souvenez-vous que rien ne démotive plus que la vérité. Alors trouvez autre chose pour bourrer le crâne de votre personnel.

Imaginons par exemple que la perspective de licenciements éventuels mette vos salariés dans tous leurs états. Casez dans votre lettre d'information une rubrique Questions-Réponses rédigée comme suit :

Question : J'ai remarqué que les bénéfices de l'entreprise accusent une baisse de 70 %. Des licenciements sont-ils envisagés?

Bonne réponse (motivante) : Les salariés sont le bien le plus précieux de l'entreprise. Il est hors de question d'envisager le moindre licenciement. Nous considérerons toutes les solutions possibles avant même d'étudier celle des licenciements.

Réponse incorrecte (démotivante) : Euuhhh!

AU RISQUE DE MOURIR D'ENNUI, JE DOIS T'INTERVIEWER POUR NOTRE NEWSLETTER.
AVANT D'ABORDER MON PROJET PROPREMENT DIT, JUSTE UN MOT SUR L'HISTORIQUE…
"C'EST UN BEAU PROJET", RAILLA LE TECHNICIEN.
…C'EST ALORS QUE JE SORTIS DES TROMPES DE FALLOPE DE MA MAMAN.
E-mail: SCOTTADAMS@AOL.COM
© 1996 United Feature Syndicate, Inc.(NYC)

RICHARD, JE COMPTE SUR TOI POUR M'ÉCRIRE QUELQUE CHOSE SUR TON PROJET DANS LA NEWSLETTER…
ET TOI, FIDÈLE À TA LÉGENDE DE GRAND TECHNICIEN, TU VAS TORCHER ÇA À LA DERNIÈRE MINUTE. DONC, JE TE HAÏRAI.
DONC… TU ME HAIS PAS DÉJÀ?
ATTENDS, ON N'EST PAS À "TOURNEZ, MANÈGE", LÀ!
E-mail: SCOTTADAMS@AOL.COM
© 1996 United Feature Syndicate, Inc.(NYC)

ÉVALUATION DES PERFORMANCES
LA SEULE PERFORMANCE QUE VOUS AYEZ VRAIMENT RÉALISÉE, C'EST LA NEWSLETTER : ININTÉRESSANT ET SANS CONSÉQUENCE. PAS D'AUGMENTATION.
LA NEWSLETTER, C'ÉTAIT VOTRE IDÉE. ET SI ON M'OBLIGEAIT PAS À COLLABORER AVEC DES DÉBILES, ÇA SONNERAIT MOINS CREUX.
J'AI PEUR QUE VOUS SOUS-ESTIMIEZ LA VALEUR DU TRAVAIL D'ÉQUIPE.
JE L'ESTIME QUE TROP; JE M'ASSEOIS SUR 2 % D'AUGMENTATION, LÀ!
E-mail: SCOTTADAMS@AOL.COM
© 1996 United Feature Syndicate, Inc.(NYC)

3.3 ORGANISER DES RÉUNIONS

Pour entretenir la motivation des salariés, il faut communiquer un maximum avec eux. Voilà qui est difficilement conciliable avec certains aspects de votre politique managériale. Entretenir l'obscurité, par exemple. Ou les accabler de travail.

Si l'entreprise édite déjà une lettre d'information, la meilleure façon de développer la communication sans risquer de véhiculer la moindre information, c'est d'organiser des « réunions ».

Par définition, un « staff » est un groupe d'individus placés sous l'autorité d'une même personne, et n'ayant que très peu besoin de communiquer entre eux. Les réunir autour d'une table est par conséquent tout à fait indiqué. On peut ainsi les obliger à consacrer jusqu'à 10 % de la durée totale de leur vie active à gaspiller leur énergie sur les sujets d'importance capitale que voici :

Rabâchez par exemple à votre personnel des trucs qu'ils ont déjà entendus via d'autres canaux. À eux, cet aspect spécifique de la réunion n'apportera rien. Pour vous, en revanche, c'est l'occasion de faire preuve d'un leadership certain.

Soyez-en sûr : quel que soit le sujet abordé, il y en aura toujours au moins un dans le tas pour vous bombarder de questions censées « apporter un éclairage » sur tel ou tel point. Le salarié en question utilisera ce stratagème pour faire une démonstration de sa remarquable faculté d'analyse, jusqu'au moment où tous les autres, sans exception, n'auront plus qu'une idée en tête : l'étrangler avec le cordon d'alimentation du rétro-projecteur.

Laissez une chance à chaque salarié de pouvoir débiter ses litanies. Divers problèmes inintéressants liés à sa fonction seront développés, sans qu'aucune information risque d'être transmise aux autres participants; tout cela grâce aux acronymes et aux références obscures dont il ne pourra s'empêcher de faire usage.

N'incitez pas le personnel à être pertinent, intéressant ou même bref. Rappelez-vous : le but, c'est de communiquer. Pas de faire circuler l'information.

Si un salarié conclut son monologue en vous demandant de l'aide, envoyez-le bouler en lançant : « Ce n'est pas l'endroit pour en discuter. » En clair : « Me bassinez pas avec ça ou je vous envoie me récupérer des données dans un gisement d'informations. »

Invitez vos ennemis à abandonner leur service pour venir faire des présentations de trucs qui ne concernent en rien votre staff. Ce faisant, vous atteignez deux objectifs supplémentaires :

1. Vous passez pour un chef de service fair-play.
2. Pendant ce temps, vos ennemis ne font pas leur boulot. Vous leur savonnez donc un peu plus la planche.

Chaque fois que vous pourrez jeter le discrédit sur vos collègues, tout en donnant l'impression de travailler en équipe avec eux, vous marquerez des points.

Cela dit, il arrivera forcément un moment où votre staff essaiera de vous piéger en vous amenant sur des trucs soi-disant importants : salaires, dotations en effectifs, ou réorganisations en cours, par exemple. Niez systématiquement avoir la moindre information concernant de tels sujets. Par essence, ils démotivent. Évitez-les donc consciencieusement. Contentez-vous de rafraîchir un peu la mémoire de vos salariés en leur parlant de l'environnement compétitif, et dites que « les choses suivent leur cours ». Ça les calmera. Et si vous entendez un bruit de hochet, n'ayez pas peur : c'est juste les pois chiches qui s'agitent sous les boîtes crâniennes. Tout cela est très naturel et il n'y a aucune raison de s'en inquiéter.

3.4 LES PRÉSENTATIONS

En qualité de décideur, c'est vous qui, de toute la structure, aurez le moins accès aux informations utiles. Compensez en animant vous-même toutes les présentations en public. Dissimulez votre totale incompétence derrière des présentations assistées par ordinateur et des « transparents ».

Le secret d'une bonne présentation, quand on ne sait pas de quoi on parle, c'est d'enfoncer des portes ouvertes en circonscrivant l'ordre du jour aux domaines les plus assommants possibles. Les participants trouvent alors refuge dans des pulsions de suicide assisté (le vôtre), ce qui ne leur laisse guère le temps de s'attarder sur votre manque de qualification.

Mais comment savoir si un sujet est digne de figurer à l'ordre du jour d'une présentation? La meilleure façon, c'est de le formuler à haute voix et de guetter un « Burp! » spontané jaillissant des intestins de votre gosier. (Si, vous avez des intestins au fond du gosier. La morphologie du décideur est ainsi faite.)

Points dignes de figurer à l'ordre du jour d'une présentation

- Nous sommes sur un segment de marché où la compétition fait rage (Burp!).
- Notre objectif est d'améliorer nos produits et nos prestations (Burp!).
- Dotez en effectifs mon tout petit empire (Burp!).

3.5 LA PERCEPTION EXTRA-SENSORIELLE APPLIQUÉE AU MANAGEMENT

Il n'est pas dans vos habitudes de donner vos instructions verbalement? Alors utilisez la perception extra-sensorielle pour faire passer vos messages. En qualité de cadre dirigeant, l'important est de « penser » ce qu'on veut obtenir de ses salariés. Ensuite, c'est à eux de mettre en œuvre. Bien sûr, il y en aura toujours pour venir pleurer qu'on n'arrive pas à se caler sur votre fréquence. Mais soyons sérieux. Si déjà vous émettez un signal à vos salariés, ce n'est tout de même pas à vous de le décrypter pour eux. Par conséquent, c'est leur problème et pas le vôtre. Versez à leurs dossiers respectifs ces carences en communication, afin d'en tirer les conclusions nécessaires lors de la prochaine évaluation de performances.

3.6 LES SALARIÉS SONT DES PLANQUÉS

En qualité de décideur, on arrive à tordre des cuillers par la seule volonté de l'esprit aussi facilement qu'à la seule force du poignet. Autrement dit, on n'y arrive jamais. Vous, vous êtes chef, pas triathlète. Et une cuiller, c'est plus coriace qu'on veut bien le croire.

Un chef, c'est beaucoup mieux payé que les gens qui lui doivent des comptes. Par conséquent, et c'est la logique même, il est raisonnable de penser que le travail que vous faites est beaucoup plus difficile que le leur. Vos salariés essaieront vraisemblablement de vous persuader du contraire, mais ce n'est là qu'une manœuvre pour tirer au flanc.

Par exemple, ils viendront soumettre à votre signature des documents auxquels vous ne comprenez rien. Alors appelons un chat un chat. La seule explication possible à ce défaut de compréhension, c'est que le dossier en question a été constitué par un individu montrant de piètres compétences en matière de communication. Signalez-le lui explicitement. Rappelez-vous : la communication, ça ne marche pas que dans un sens.

4

STRATÉGIES GAGNANTES

4.1 S'APPROPRIER LES IDÉES DE SES SALARIÉS

C'est rare, mais un salarié, ça peut accidentellement avoir une bonne idée. Le cas échéant, commencez par rejeter cette idée, puis revendiquez-la comme si c'était vous qui l'aviez eue. Utilisez pour ce faire l'un des prétextes imparables suivants :

Prétextes imparables pour rejeter une idée

1. Si c'était une si bonne idée que ça, quelqu'un l'aurait déjà eue.
2. Trop tard. Tout le monde l'a déjà eue.

Puis, laissez macérer un moment. Une heure suffit. Convoquez le salarié dans votre bureau et exposez-lui son idée avec force détails, comme si votre première conversation n'avait jamais eu lieu.

À ce stade, on pourrait penser que le salarié va réaliser que « votre » idée n'est autre que la sienne, et qu'il va élever des protestations. Mais l'expérience prouve que son système nerveux est déjà en état de choc. La réaction escomptée ne tarde pas à être obtenue : il se fige tel le chevreuil pris dans les phares du braconnier.

Néanmoins, en dépit de tous les diligents efforts que vous déployez pour anticiper, il peut arriver que vos salariés vous prennent de court. Par exemple, en menant à bien un projet sans vous avoir laissé le temps de vous en attribuer la paternité au cours du processus créatif. Si vous deviez être victime d'une telle tentative d'escroquerie, pas de panique : il est encore temps de récupérer la chose à votre actif en accolant votre nom à celui du produit fini. Justifiez-vous auprès de vos salariés en leur expliquant que la direction « ne traite qu'avec les décisionnaires »; or, vous voulez vous assurer que le projet sera étudié avec toute l'attention qui lui est due. Autoproclamez-vous « Directeur honorifique de projet ». Et attribuez aux salariés qui l'ont concrètement mené à bien des titres un peu moins ronflants : « Dactylo », « Préposé aux agrafes » ou « Assistant à la photocopie », par exemple.

4.2 FAIRE CAPOTER UN GROS DOSSIER POUR GRIMPER DANS LA HIÉRARCHIE

Les gens se méprennent. Ils s'imaginent que c'est en menant à bien telle ou telle mission acrobatique qu'on arrive à grimper dans la hiérarchie. Erreur. Tout ça, c'est beaucoup d'énergie gaspillée pour pas grand'chose. On en arrive sensiblement au même résultat en optant pour la solution inverse : faire capoter un gros dossier.

Pour asseoir son statut de leader, il faut se faire remarquer un maximum en haut-lieu. Or, il est difficile de se faire remarquer en haut-lieu par son talent, puisqu'invariablement, c'est le supérieur direct qui tire toute la couverture à lui. Mais faites capoter un projet d'envergure et vous verrez votre boss se carapater à la vitesse d'une blatte sulfatée au Baygon Vert par une escadrille de Canadair. Et votre nom restera à jamais associé au ratage monumental que vous aurez provoqué.

On s'imagine qu'une fois qu'on est associé à un ratage monumental, on est grillé. C'est inexact. La prochaine fois qu'à la DG, on cherchera quelqu'un pour diriger un gros projet, on se grattera en se demandant : « Qui a suffisamment d'expérience? » Et votre nom apparaîtra en tête de liste. Les autres seront ou inconnus au bataillon, ou déjà casés. En qualité de vieux renard à qui on ne la fait plus, vous vous imposerez naturellement. Et soyez sans crainte, n'allez pas imaginer que ces messieurs de la DG pourraient se livrer à un examen de carrière trop approfondi avant de se prononcer. Ils sont bien trop occupés à étendre leurs propres pouvoirs; en faisant eux-mêmes capoter de gros dossiers.

4.3 LES STAGES DE FORMATION

Les salariés n'arrêteront pas de vous soûler avec leurs histoires de stages de formation. N'en tenez pas compte. Les stages de formation ne peuvent que vous attirer des ennuis. Sur le court terme, c'est un manque à gagner sur les heures de boulot. Sur le long terme, ça incite les salariés à chercher du boulot là où ça paie. Bref, on perd sur tous les tableaux.

Tactique de défense numéro 1 : le raisonnement logique. Dissuadez les salariés qui briguent un stage de formation en leur assenant l'argument massue suivant :

« Tous ces stages de formation, c'est bidon! Est-ce que j'ai eu besoin d'une formation, moi, pour en arriver là? »

Hélas, la logique d'un raisonnement n'est pas toujours suffisante. En particulier si les bouffons de la gestion ont voté un budget pour la « formation des salariés ». Vos salariés ne manqueront pas d'utiliser ce prétexte pour justifier leurs caprices.

Solution : partir en déplacement.
Le plus souvent possible.

Sous couvert de « prendre part à un congrès » ou d'aller « voir un client », délivrez-vous des ordres de mission vers des destinations exotiques, et quadrillez la planète tous frais payés. Votre budget global va en prendre un tel coup que des coupes sombres vont rapidement s'imposer (en clair : vous « sucrez » le budget Formation).

Cette suppression de budget rendra vos salariés ivres de rage. Mais la bonne nouvelle, c'est qu'ils ne sont pas suffisamment qualifiés pour trouver un job ailleurs. Résultat : la productivité augmente.

Mais parallèlement au travail de sape que vous organisez pour éradiquer ce fléau qu'on appelle formation, répandez-vous en déclarations du genre : « La formation? Priorité absolue! » Ça évitera à vos salariés de vous prendre pour un pourri profondément demeuré et tout juste bon à faire des trous dans la couche d'ozone. Essayez, vous verrez : ça marche du feu de dieu.

4.4 RESPONSABILISER

Empowerment : voilà un mot compliqué qui recouvre une notion simple. L'*empowerment*, c'est l'art qui consiste à faire endosser à ses salariés la responsabilité d'erreurs qu'on a soi-même commises. Selon des consultants grassement appointés, un tel octroi de pouvoir rend le salarié heureux. Par conséquent, il apaise ses déraisonnables aspirations pécuniaires.

La meilleure technique pour instaurer une politique de responsabilisation des salariés est d'organiser des réunions où l'on punit tous ceux qui ont pris des décisions, tout en encourageant l'ensemble du groupe à faire preuve d'initiative. Résultat : on anesthésie peu à peu les salariés, qui finissent par se résigner docilement à leur condition désespérée. Certes, il ne faut pas confondre désespoir et bonheur. Mais le désespoir a le mérite de mettre un terme à toutes les jérémiades. Et ça, c'est déjà beaucoup.

QU'ENTENDIEZ-VOUS AU JUSTE PAR "TOUS LES SALARIÉS SERONT RESPONSABILISÉS"?
DOIS-JE COMPRENDRE QUE JE PEUX GÉRER MON PROPRE BUDGET, PRENDRE MES DÉCISIONS SANS LES SOUMETTRE À UNE DOUZAINE DE SIGNATURES, ET PRENDRE DES RISQUES CALCULÉS?
NON, ÇA PERMET JUSTE DE POUVOIR ACCUSER LES SALARIÉS DE NE PAS FAIRE CE QU'ON LEUR INTERDIT DE FAIRE.
UN TERME NOUVEAU S'IMPOSAIT, EN EFFET...
© 1991 United Feature Syndicate, Inc.

FAUT QUE JE BOSSE SUR UN TRUC LOURD, SI J'VEUX JUSTIFIER MON EXISTENCE ICI.
E-mail: SCOTTADAMS@AOL.COM
ENFIN... PAS TROP LOURD; ÇA POURRAIT ATTIRER L'ATTENTION SUR MOI EN CAS DE COMPRESSION.
QU'EST-CE QUE JE POURRAIS BIEN FAIRE QUI COÛTE UN MAX ET DONT TOUT LE MONDE SE TAPE?
ILS LA RAMÈNENT MOINS, UNE FOIS "RESPONSABILISÉS".
© 1993 United Feature Syndicate, Inc.

JE DOIS DIRE QU'AU DÉBUT, J'ÉTAIS PLUTÔT SCEPTIQUE, QUAND VOUS AVEZ PARLÉ DE ME RESPONSABILISER...
E-mail: SCOTTADAMS@AOL.COM
MAIS JE RECONNAIS... VOUS M'AVEZ LAISSÉE AUTONOME PENDANT TROIS MOIS...
POURQUOI VOUS ME REGARDEZ COMME ÇA?
DITES-LE MOI, QUE JE ME SUIS MONTRÉE DIGNE DE VOTRE CONFIANCE.
AU FAIT, JE VOUS AI DIT QU'ON A RENONCÉ À VOTRE PROJET?
© 1996 United Feature Syndicate, Inc.

4.5 POLITIQUE DE DIVERSITÉ AU SEIN DE L'ENTREPRISE

Si vous êtes un de ces fanatiques à l'esprit sectaire (ce que je subodore), servez-vous de la politique de diversité menée par l'entreprise pour cacher votre jeu. Vous avez une longue expérience de décideur? Vous avez toujours pistonné les gens qui singent votre mentalité et votre comportement? Alors prenez ce problème à bras-le-corps : astreignez les innocentes victimes de votre service à suivre des cours de formation où ils apprendront ce que c'est, la « diversité ».

On en fait tout un plat, de la diversité. Mais soyez sans crainte. Ce n'est pas ça qui va vous empêcher de continuer à appliquer ouvertement votre justice à deux vitesses. Changez juste votre fusil d'épaule.

Ne discriminez plus sur des critères...

- De race
- De genre
- D'infirmité
- D'âge
- De pratiques sexuelles (tolérées par les médias)
- De religion (surtout quand il y a de l'argent derrière).

Continuez sereinement à discriminer sur des critères...

- De laideur
- De connerie
- De cursus universitaire
- De taille

- De poids
- De coupe de cheveux
- De goûts vestimentaires
- De pratiques sexuelles (désapprouvées par les médias)
- De religion (surtout quand elles ne font pas recette).

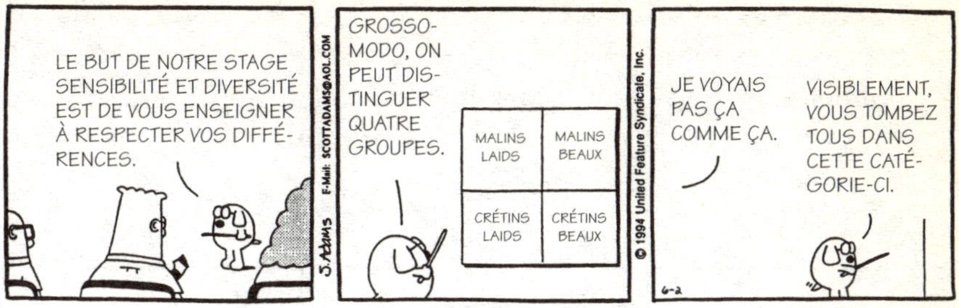

4.6 FAIRE APPEL À UN CONSULTANT EXTÉRIEUR

Si vous êtes un crétin fini, vous serez peut-être tenté de faire appel aux conseils d'un gourou du management. Mais si l'idée de suivre à la lettre ses recommandations vous fatigue à l'avance, ne vous inquiétez pas : triez dans le tas et ne retenez que ce que bon vous semble. Vous obtiendrez déjà des résultats significatifs.

Prenons un exemple : le consultant que vous avez choisi vous conseille de mettre à contribution vos salariés, et de prendre des mesures en conséquence. Voilà qui demanderait un travail considérable. Sans compter que les idées que peut soumettre le personnel sont généralement consternantes. Solution : vous ne retenez de la recommandation que les aspects qui vous agréent (mettre vos salariés à contribution) et le reste (la partie qui concerne les mesures à prendre en conséquence), vous jetez à la poubelle. Et hop ! Vous vous épargnez toutes les tracasseries, et vous obtenez 50 % des bénéfices escomptés.

4.7 RÉORGANISER SON SERVICE

Pour être crédible dans votre rôle de décideur, réorganisez de temps en temps votre service. Aux yeux d'un observateur ignare, réorganiser, c'est faire avancer les choses. Or, la plupart des observateurs (pour ne pas dire la totalité) sont justement d'une ignorance crasse. Il suffit donc de brasser de l'air, sous couvert de réorganisation, pour passer pour un visionnaire.

Réorganisez en moyenne tous les six mois. Personne n'aura le temps de s'en alarmer. Plus souvent, ça pourrait sembler aléatoire; en-deçà, on vous soupçonnerait de ne pas avoir de stratégie du tout.

Petit truc pour vous rappeler à quel moment réorganiser : choisissez le moment de l'année où on règle sa montre pour changer d'heure.

(Petit tuyau : profitez-en pour changer les piles de votre détecteur de fumée, chez vous.)

(Encore un petit tuyau : n'ajustez pas votre montre à chaque fois dans le même sens. Parfois, même si vous ne comprenez pas très bien pourquoi, c'est dans le sens inverse qu'il faut faire tourner les aiguilles.)

Les réorganisations vous fourniront un excellent prétexte pour obliger les salariés à déménager leurs biens dans un nouveau bureau paysagé, à quelques centimètres à peine du leur. Bon, ça va râler et pester dans tous les sens; à leurs yeux, tout ça est un pur gaspillage de temps dommageable à la productivité. Il est donc de votre devoir de leur expliquer les avantages d'un tel chambardement, au contraire :

Principaux avantages de la rotation des bureaux paysagés

- Découvrez en avant-première les bruits et les odeurs de vos nouveaux voisins!
- Développez la communication entre collègues dont les jobs n'ont strictement rien à voir!
- Habillez-vous « sport » le jour du déménagement!
- Et surtout : et cætera!

4.8 JOUER LE JEU DE L'ENTREPRISE

Tout au long de votre mandat au poste de manager, de multiples initiatives d'entreprise risquent de faire soudain irruption dans le paysage, telles des tiques affamées n'espérant qu'une chose : vous sauter dessus pour vous sucer le sang. Exemples :

Politiques d'entreprise hystériques

- Le management Qualité Totale
- Le Reengineering
- ISO 9000.

Personne ne vous demande d'obtenir des résultats concrets à partir de ces techniques de management hystériques. On vous demande juste de jouer le jeu; politique maison oblige. Concernant ce type de politique, voici un tuyau imparable :

Si ça s'imprime sur un T-shirt,
c'est une bonne politique.

Exemple : votre boîte sort de son chapeau une politique du genre « L'Excellence au service du client ». Faites imprimer cette profession de foi sur des T-shirts et distribuez-les généreusement à vos salariés le jour de la « réunion de lancement ». Vous pouvez même pousser le vice jusqu'à commander des blocs-notes enluminés du slogan en question.

Les T-shirts, les blocs-notes, tout ça envoie un message important aux salariés. En clair : « Faites comme si vous adhériez à notre politique, et on vous octroiera peut-être d'autres babioles. »

Mettez la main sur le salarié le plus naze du service et catapultez-le responsable de la nouvelle initiative. Décernez-lui un titre ronflant, du genre « Directeur exécutif de l'Excellence au service du client ». Et voilà. Tout laisse à penser que vous jouez le jeu de l'entreprise. Sans nuire le moins du monde à la productivité. (Sauf que vous mettez dans les pattes des salariés corvéables à merci un incapable qui va les harceler du matin au soir. Mais bon.)

Avec le T-shirt et le bloc-notes, les outils de base permettant de mettre en œuvre n'importe quelle politique d'entreprise hystérique sont : 1/la réunion inutile, 2/le suivi inutile. Exigez un maximum des deux. Sinon, vous passeriez pour un cynique.

Quand l'annonce de la nouvelle politique maison va tomber, ça va s'agiter dans tous les sens, au niveau du personnel. Une vraie bande de macaques lâchés à une convention de marteaux-piqueurs! Quelles que soient ses fonctions, chacun tentera de les redéfinir pour se mettre en conformité avec la politique d'excellence au service du client. Là encore, jouez le jeu; vous êtes tous embarqués dans la même galère, ne l'oubliez pas. Alors exigez des états hebdomadaires. Ah! Une dernière chose : parlez d'estimations « quantiques », histoire de sauver les apparences ou ce qu'il en reste.

4.9 LA FUSION

Si vous ne savez vraiment pas quoi faire pour vous rendre utile à l'entreprise, il y a une façon simple de donner le change : fusionner avec une entreprise qui sait encore moins que vous de quoi elle parle. Quand deux entreprises qui battent de l'aile font la bourde de se rapprocher pour « renforcer la synergie », les analystes de la place boursière boivent du petit lait.

Une fusion, ça prend beaucoup de temps, ça fait couler beaucoup d'encre, et ça brasse des sommes d'argent considérables. Tout cela est excellent pour votre plan de carrière. En particulier le fait que ça prenne beaucoup de temps. Avec un peu de chance, vous serez en train de caracoler sur une autre mission depuis déjà un bail, quand le prochain décisionnaire commencera à faire les marchés-aux-puces et les « Tout à 10 francs » pour essayer de refourguer à vil prix ce qu'il reste de la société née de la fusion.

Pour renforcer la synergie, on n'a pas besoin de grand'chose : deux entreprises, n'importe lesquelles, suffisent. Imaginons par exemple que la première entreprise fabrique des poudres à laver et des détergents, et que la seconde fasse dans les boissons gazeuses et les magazines humoristiques. Une synergie naturelle s'opère. En effet, à un moment ou un autre, n'importe quel client qui pique un fou rire en buvant une boisson gazeuse va devoir utiliser un détergent pour nettoyer ses vêtements souillés de morve. Ne négligez pas ce segment de marché.

5

RÉMUNÉRATION

5.1 POLITIQUE DE RÉMUNÉRATION

La politique de rémunération est un outil précieux pour juguler la masse salariale. En effet, vos faux-culs de salariés tenteront sans doute d'exploiter le système pour arrondir leurs fins de mois; en imaginant diverses escroqueries comme travailler consciencieusement ou tenir des objectifs redoutables, par exemple. Parez toute offensive visant à vous faire mettre la main au porte-monnaie au moyen des boucliers suivants :

Quand un salarié déclare…	Un décideur répond…
J'ai réalisé des performances exceptionnelles. J'aimerais une augmentation.	Certes, mais votre salaire est aligné sur ceux du secteur. Oubliez.
Mon salaire est inférieur au barème officiel. J'aimerais une augmentation.	Certes, mais vos performances sont médiocres. Oubliez.
J'ai réalisé des performances exceptionnelles et mon salaire est inférieur au barème officiel. J'aimerais une augmentation.	Certes, mais l'entreprise a connu une année très difficile. Oubliez.

J'ai réalisé des performances exceptionnelles, mon salaire est inférieur au barème officiel, et les bénéfices de l'entreprise ont atteint un niveau record. J'aimerais une augmentation.

Ça vous plaîrait d'être nommé *team leader*?

5.2 FIXER LES PRIMES DES SUBALTERNES

Empêchez vos subalternes d'obtenir eux-mêmes des primes, et vous multiplierez le montant des vôtres. On appelle ça bien gérer son budget, et ça, c'est une vertu toujours récompensée. Deux grandes méthodes permettent d'y arriver :

1. Soumettez les primes de vos subalternes à des objectifs tellement éloignés dans le futur qu'avant qu'ils les atteignent, la Terre aura été anéantie par un méchant astéroïde.

2. Soumettez les primes de vos subalternes à des objectifs faciles à contrecarrer. Avec la persévérance monomaniaque dont vous savez faire preuve pour faire capoter les projets d'envergure aux seules fins de devenir vous-même leader, ça ne devrait pas être trop difficile.

Pour la plupart, vos subalternes liront à livre ouvert dans votre petite comédie. Vous en ferez des énervés et des aigris. Avec un peu de chance, certains présenteront même leur démission. Résultat : baisse de la masse salariale et, par conséquent, augmentation significative de votre prime à vous.

5.3 POURQUOI VOUS ÊTES GRASSEMENT PAYÉ

Vu que les risques que vous encourez sont infiniment supérieurs, il est bien normal qu'on vous paie beaucoup mieux que les non décideurs. Ça, c'est le B A ba de l'économie. Et tant pis pour ceux qui ne veulent pas comprendre.

Risques graves auxquels est exposé un décideur

1. Risque d'être démasqué comme charlatan.
2. Risque d'être foudroyé en plein parcours de golf.
3. Risque de ne trouver personne pour lui faire le bouche-à-bouche.
4. Risque de devoir passer son temps en compagnie d'autres décideurs.

En guise de compensation pour tous ces risques graves, les décideurs ont droit à des salaires obscènes. Je ne dis pas cela au sens où il y a des femmes dépoitraillées sur certains billets de banque (même si c'est le cas pour les billets de 100 F) ; quand je dis obscènes, je parle des masses d'argent qui entrent en jeu. À l'inverse, les non décideurs gagnent moins. Tout simplement parce que les risques qu'ils encourent sont moindres.

Risques bénins auxquels est exposé un non décideur

1. Perte de l'abri sordide communément appelé « domicile ».
2. Famine.

C'est clair : les non décideurs ont si peu à perdre que, globalement, les risques sont limités. Alors, qu'ils ne viennent pas vous bassiner sous prétexte que les managers sont surpayés et eux pas assez. Le cas échéant, rappelez-leur que tout cela n'est que justice; comparativement, les risques encourus sont sans commune mesure. Une fois qu'ils auront compris la logique implacable de la chose, ils se calmeront.

6

SE DÉBARRASSER DES SALARIÉS

6.1 LA RÉDUCTION D'EFFECTIFS

Les gouvernements ne sont pas les seuls à pouvoir imprimer du papier-monnaie. Vous aussi vous pouvez imprimer le vôtre. Le processus a même un nom. On appelle ça la « réduction d'effectifs ».

J'imagine que, quand vous faites référence à vos salariés, vous utilisez les termes de « meilleurs atouts de l'entreprise ». Et à juste titre : à chaque fois que vous en dégagez un, les bénéfices d'exploitation augmentent, et avec eux la valeur de vos stock options et le montant de vos primes. Bref, c'est comme si vous imprimiez votre propre monnaie.

Aigris et surmenés, les salariés qui parviennent à s'accrocher sont en état de psychose traumatique. Mais, aussi extraordinaire que cela puisse paraître, tout cela ne vous atteint pas le moins du monde. En revanche, on obtempère soudain avec un peu plus de vélocité quand vous demandez un état d'avancement.

J'AI BESOIN D'UN COUP DE MAIN SUR LES LICENCIEMENTS. IL ME FAUT UN CONSULTANT EXTÉRIEUR DE VOTRE CALIBRE.
MA PRIORITÉ EST DE MINIMISER LES TOURMENTS ET LES SOUFFRANCES QUE TOUT CELA ENGENDRE.
ON SERAIT GÉNÉREUX SUR LES INDEMS?
NON, MES TOURMENTS ET MES SOUFFRANCES NE FERAIENT QU'EMPIRER, JE LE CRAINS.

MON CONSULTANT ME CONSEILLE DE TRAITER LES LICENCIEMENTS DE MANIÈRE DIRECTE ET PROFESSIONNELLE.
AUSSI, TOUT AU LONG DE LA JOURNÉE, JE SURGIRAI DANS LE DOS DES GENS CONCERNÉS POUR LEUR METTRE UN *GROS* COUP DE TAMPON : « ANNULÉ ».
J'ESSAIE DE COMPRENDRE…
OH! REGARDEZ! C'EST PAS LE DIRIGEABLE GOODYEAR?

CHACUN DES SALARIÉS DOIT REMPLIR CE QUESTIONNAIRE.
« ÉLECTION DES SALARIÉS POUR NON RÉSILIATION DE L'ACTION OPPOSÉE DE DÉCLINER LA PROPENSION INVERSE À NON DISCONTINUER LA COLLABORATION AVEC L'ENTREPRISE. »
CHERCHERIEZ PAS À NOUS ENDORMIR POUR QU'ON DÉMISSIONNE DE PLEIN GRÉ, DES FOIS?
À LA PLUME, JE VOUS EN PRIE.

6.2 POUSSER LES GENS À DÉMISSIONNER

Virer quelqu'un, ce n'est jamais très rigolo. A moins d'avoir particulièrement envie de se défouler. En revanche, mettre la pression sur un salarié pour le pousser à démissionner, ça peut être franchement drôle. Et surtout très économique. En effet, on peut faire de grosses économies sur les licenciements en se rendant tellement désagréable que les gens n'ont plus qu'une envie : donner leur démission sans demander la moindre indemnité. Adoptez les techniques suivantes pour y inciter votre personnel.

Comment pousser les gens à démissionner

- En organisant des réunions.
- En créant des groupes de travail.
- En restant vous-même.

Si tout ça ne suffit pas à les pousser vers la sortie, changez de stratégie : mettez l'accent sur les aspects positifs du chômage. Insistez sur le fait que les gens les plus heureux sur cette terre sont souvent des sans-emploi. Et ça, ce n'est pas par hasard.

Exemples de sans-emploi épanouis

- Les enfants
- Les milliardaires retraités
- Les morts au paradis
- Les SDF avec un Caddie.

La dernière de ces catégories (les SDF avec un Caddie), c'est moins évident que le reste. Mais réfléchissez un instant. Toute la journée, ils peuvent faire leur shopping virtuel peinards, sans que personne ne vienne les bassiner avec la police d'assurance de services étendus. Tout le monde n'a pas cette chance.

6.3 ROTATION DU PERSONNEL

Le *turnover* est signe de bonne santé. Ça permet de se débarrasser d'un tas de grincheux surpayés et de donner du sang neuf à l'entreprise; à la place, on injecte une bonne dose de salariés incompétents qu'on paie au lance-pierres. Si on se retrouve en sous-effectifs, on peut toujours compenser en augmentant la charge de travail de ceux qui restent. En termes de logique pure, rien ne s'y oppose.

Pour vous assurer un bon *turnover*, faites en sorte que l'environnement de travail se dégrade progressivement. Comparativement, le plan de retraite adopté par l'entreprise finira par avoir l'air d'une aubaine. Et comme pour toutes les autres politiques nuisibles, rusez : habillez ça d'un nom classieux et qui sonne bien, genre « Compétition 2000 » ou autre.

J'ADORE ÇA, FAIRE APPEL À DE LA MAIN-D'ŒUVRE TEMPORAIRE.
PAS D'AVANTAGES… PAS DE SYNDICATS… ET APRÈS UTILISATION, HOP! ON TIRE LA CHASSE!
JE SAIS PAS SI TIRER LA CHASSE EST LE MOT.
TROP GROS. ÇA PASSERAIT JAMAIS.

7

S'ÉPANOUIR À UN POSTE DE DIRECTION

7.1 L'ARGENT NE FAIT PAS LE BONHEUR

Ce n'est pas l'argent qui fera de vous un décideur épanoui. En plus de l'argent, il vous faut des stock options, un véhicule de fonction, des déjeuners à l'œil, et le bonheur de pouvoir humilier ceux qui dépendent hiérarchiquement de vous.

L'auréole de pouvoir et de prestige que confère la position de chef va vous permettre de vivre de formidables expériences : avec des personnes du sexe opposé (si tant est qu'il existe un opposé pour les pratiques sexuelles qui sont les vôtres), avec des personnes du même sexe que vous (chacun son truc), voire (si vous êtes « peu sociable ») avec divers engins à pile ou gonflables.

Pour rendre cette expérience managériale encore plus jubilatoire, creusez la fracture sociale. Accentuez l'écart entre votre position et celle de votre personnel. Il y a deux façons d'accentuer cet écart.

Comment creuser l'écart entre vous et votre personnel

1. En prenant un max de pognon. Votre statut s'en trouvera magnifié.
2. En humiliant vos salariés. Leur statut s'en trouvera amoindri.

Certes, la masse de pognon dont vous pourrez vous bourrer les poches reste suspendue aux bénéfices que votre entreprise est capable de dégager. En revanche, concernant les humiliations à infliger à votre personnel, il n'y a fort heureusement pas de limite logique. Grignotez progressivement sur les divers avantages et prestations auxquels vos salariés ont droit, jusqu'à ne plus leur laisser qu'un minimum de dignité humaine. Puis, commencez à grignoter là-dessus aussi. N'espérez pas cependant y arriver du jour au lendemain; voyez plutôt ça comme un projet à long terme. Appliquez le « Programme de rétrogradation des salariés » en douze étapes. L'idée, c'est de commencer par les postes les plus lourds pour en arriver progressivement à des trucs plus subtils.

Plan de rétrogradation des salariés en douze étapes

1. Diminuez progressivement le montant des augmentations.
2. Éliminez les promotions internes.
3. Proclamez l'imminence de « l'ère du plein chômage ».
4. Réduisez les options de la complémentaire-maladie.
5. Supprimez des budgets Formation et Déplacements.
6. Créez un Compte Epargne Temps permettant de déduire les jours de maladie des jours de congé.
7. Réduisez le volume des bureaux paysagés.

8. Proscrivez toute décoration sur les cloisons des bureaux paysagés.
9. Proscrivez la consommation de M&M's.
10. Restreignez l'accès à Internet.
11. Instaurez une politique de « L'Employé du mois ».
12. Tondez le crâne de vos salariés.

Certes, les salariés n'ont pas inventé le fil à couper le beurre. Mais attention : vers la neuvième étape du programme, ils pourraient bien déceler une tendance croissante. Maquillez vos intentions scélérates en leur octroyant une compensation bidon pour ces avantages perdus. Par exemple, en les autorisant à porter ce que bon leur semble un jour par semaine. Si c'est le vendredi, instituez le *Friday Wear* (voir page 86). Vous atteignez ainsi sournoisement votre objectif initial, qui est je vous le rappelle de rétrograder vos salariés, tout en leur faisant habilement croire que vous leur concédez un nouvel avantage.

DEMAIN SOIR, TOURNOI DE PÉTANQUE AVEC TOUT LE SERVICE.
C'EST MA FAÇON DE VOUS RÉCOMPENSER POUR VOS PERFORMANCES DU TRIMESTRE.
SE RETROUVER LE SOIR, C'EST TOUT CE QU'ON DÉTESTE.
VOS PERFORMANCES NE M'ONT PAS CONVAINCU.

SUR VOTRE NOUVEAU PROJET, VOUS N'AUREZ NI BUDGET, NI APPUI DE LA DIRECTION. ATTENDEZ-VOUS À PASSER VOTRE TEMPS À RÉDIGER DES ÉTATS D'AVANCEMENT.
L'ENFER! MON ÉNERGIE VITALE EST ANÉANTIE! ON M'A ESSORÉ COMME UNE SERPILLIÈRE!
MORTEL, VOTRE TRUC.
ET ENCORE, CE N'EST RIEN. AU BRUNCH DE RESPONSABILISATION DES SALARIÉS, JE M'EN SUIS FAIT DIX-HUIT D'UN COUP.

FÉLICITATIONS, RICHARD. JE VOUS AI SÉLECTIONNÉ POUR MENER NOTRE CAMPAGNE « UNITÉ ET SOLIDARITÉ ».
PARCE QUE NON SEULEMENT VOUS ÊTES LE MOINS COMPÉTENT DU SERVICE, MAIS EN PLUS, VOUS ÊTES FRANCHEMENT PITOYABLE.
L'HONNÊTETÉ PAIE, TANT QU'ON N'EN EST PAS VICTIME.

7.2 METTRE LE HOLÀ AUX JÉRÉMIADES

Votre sérénité de décideur risque d'être sérieusement compromise par le défilé incessant de ces salariés qui voudraient vous empoisonner la vie avec leurs « problèmes » sordides. Là, il n'y a pas trente-six solutions : soit vous n'en tenez aucun compte, soit vous prenez des mesures coercitives. Mais soyons réalistes : seule l'une de ces deux options est véritablement divertissante. Pour peu que vous vous sentiez d'humeur joueuse, le choix est par conséquent évident. Mettez le holà aux jérémiades en appliquant, au choix, l'une des méthodes suivantes.

Mesures coercitives à exercer sur les pleurnichards

1. Exigez du pleurnichard qu'il « gère » son problème, « en dehors des heures de travail » et « sans engager de frais ».

2. Affectez le pleurnichard à un groupe de travail constitué de gens qui pleurnichent encore plus que lui.

3. Nommez le pleurnichard président du Comité de contrôle du moral des effectifs.

Avec le temps, il deviendra aisé d'ignorer les fréquences aiguës qui vous parasitent les oreilles. Vous apprendrez même à les apprécier, un peu comme le bruissement des criquets par une belle nuit d'été. La seule différence, c'est qu'un salarié, c'est beaucoup plus gros et beaucoup plus laid qu'un criquet. Et la nuit tombée, c'est pas le genre de truc qu'on a envie de laisser musarder sur son domaine.

LE BROYEUR DE LISTINGS A TENTÉ DE M'ASSASSINER.
D'ABORD, C'EST LA MACHINE À CAFÉ QUI A LÂCHÉ, DÉTOURNANT MON ATTEN-TION…
OÙ VOU-LEZ-VOUS EN VENIR?
JE NE PENSE PAS QUE LE BROYEUR AIT AGI TOUT SEUL.

J'AI DONNÉ MON ACCORD : ON ENVOIE UNE BETA DU PROJET GOUTTES DE ROSÉE À QUELQUES UTILISATEURS POUR UN TEST PRODUIT
E-Mail: SCOTTADAMS@AOL.COM
Z'AVEZ PAS LU MON RAPPORT TECHNIQUE? GOUTTES DE ROSÉE EXPLOSE DÈS QU'ON LE MET SOUS TENSION.
ON LIMITERA LE TEST DE LA BETA AUX UTILISATEURS COMPRÉHEN-SIFS.
Y'EN A PLUS. AUCUN N'A SURVÉCU AU PROJET MIMI.

FAUT REPOUSSER LE TEST CONSOMMATEURS DE LA BETA JUSQU'À CE QU'ON COMPRENNE POURQUOI ÇA ARRÊTE PAS D'EXPLOSER
E-Mail: SCOTTADAMS@AOL.COM
BON SANG DE TECHNICIENS! TOUJOURS PESSIMISTES, HEIN? CONCENTREZ-VOUS DONC SUR LES ASPECTS POSITIFS DE CET ESSAI, POUR UNE FOIS!
AU MOINS, ON SE PREND PAS LA TÊTE AVEC LA « LIMITATION DE RESPONSABILITÉ ».

7.3 SAPER LE MORAL DES EFFECTIFS

Tôt ou tard, vous vous en rendrez compte : vouloir rendre ses salariés heureux, c'est ridicule. Primo, ils sont trop nombreux. Secundo, vous n'en trouverez jamais deux qui vous demanderont la même chose. Arrêtez de vouloir à tout prix remonter le moral de votre personnel. Ce n'est qu'en renonçant à cet objectif, irrationnel d'ailleurs, que vous vous épanouirez dans votre propre travail. Ne ratez pas une occasion d'améliorer votre qualité de vie au détriment de celle de vos salariés; un salarié, par définition, ça n'est jamais content.

VOICI MON COMPTE-RENDU. J'Y AI MIS LE MEILLEUR DE MOI-MÊME.
BZZZZZZZZT!
JE HAIS CES BROYEURS PORTABLES.
DITES-MOI, C'EST DE LA SOIE, CETTE CRAVATE?
S.Adams
© 1992 United Feature Syndicate, Inc.
4-29

J'AI L'HONNEUR DE VOUS ANNONCER QUE L'ENTREPRISE A TROUVÉ UN NOUVEAU TRUC POUR DÉSHUMANISER SES SALARIÉS.
DÉSORMAIS, VOUS PORTEREZ CES BADGES D'IDENTIFICATION SUR LE LIEU DE TRAVAIL; AVEC LA TÊTE QUE VOUS AVEZ, ON POURRAIT VOUS PRENDRE POUR DES DÉLINQUANTS.
AU FAIT... LA CAFÉTÉRIA EST FERMÉE. BAH! ON VA METTRE UN PEU DE LUZERNE DANS LA SALLE DE REPOS.
S.Adams
© 1992 United Feature Syndicate, Inc.
6-18

POUR DÉVELOPPER L'ESPRIT D'ÉQUIPE, J'AI DÉCIDÉ QUE VOUS DEVRIEZ DÉJEUNER TOUS ENSEMBLE UNE FOIS PAR SEMAINE.
PERSONNELLEMENT, JE N'EN SERAI PAS. ÇA MORDRAIT SÉRIEUSEMENT SUR MON TEMPS LIBRE.
SANS COMPTER QUE MON JOB, C'EST DE VOUS MOTIVER; PAS DE M'EMBOURBER DANS LES DÉTAILS.
S.Adams
2-15

D'UN CÔTÉ, L'INFLATION QUI VOUS ATTAQUE PAR EN-DESSOUS... DE L'AUTRE, AUCUN ESPOIR D'ÊTRE PROMU.
ET TANT QUE ÇA CONTINUERA À COMPRESSER DANS LES ENTREPRISES, VOUS ÊTES COINCÉ. MOI, JE M'EN TIRERAI TOUJOURS!
OÙ SONT PASSÉES LES ANNÉES 80?
ÇA FAIT BOBO, LÀ?

L'ENTREPRISE EST TRÈS PRÉOCCUPÉE PAR LES EFFETS DU STRESS ET DES LONGUES JOURNÉES DE TRAVAIL SUR LES TRAVAILLEURS.
UN BUDGET DE PRÈS DE 1 KF A ÉTÉ DÉBLOQUÉ POUR QU'UN EXPERT EN RELAXATION VIENNE VOUS FAIRE UN SPEECH À L'HEURE DU DÉJEUNER.
TU TE DIS QU'ILS EN ONT RIEN À BATTRE, ET HOP! ILS TE SORTENT UN TRUC DE LEUR CHAPEAU.
C'EST PRÉVU POUR MARDI DERNIER.

CE TRIMESTRE, LES BÉNÉFICES SONT ENCORE EN BAISSE.
ÇA CRAINT.
À COMPTER DE DEMAIN, VOUS SEREZ TENUS D'APPORTER VOS PROPRES CRAYONS AU BUREAU.
ÇA CRAINT.
ET DE VOUS TROUVER UN BOUT DE TROTTOIR POUR LES VENDRE.
ÇA CRAINT.

7.4 TRAITER LES CAS SOCIAUX

Il y a deux sortes de salariés : les mauvais, et les bons.
Les mauvais avancent pépère, n'essaient pas de changer quoi que ce soit, ne remettent jamais en question le système, et ne prennent aucune initiative susceptible d'avoir un quelconque impact. Grosso-modo, ils sont inoffensifs.

Les soi-disant « bons » salariés, en revanche, sont nettement plus nuisibles. Ces lascars-là passent leur temps à essayer d'innover, ou à essayer de faire bouger les choses; en business, ils prennent des risques et ruent dans les brancards.

Débarrassez-vous des bons éléments au plus vite. Sinon, vous n'aurez bientôt plus que vos yeux pour pleurer. Au besoin, payez-les pour quitter l'entreprise. Il y a même un nom à cela : le « départ négocié ». Cette politique offre en effet de substantielles indemnités aux salariés qui donnent spontanément leur démission. Et le plus beau, c'est qu'on isole les bons éléments avec une précision quasi chirurgicale. Normal : ils sont les seuls à pouvoir espérer se recaser. Bref, on sait tout de suite à qui on a affaire.

Vous verrez qu'après une bonne petite série de départs négociés, tous les mauvais se remettront dans le rail, tout heureux d'avoir encore un emploi. En clair, on gagne sur toute la ligne.

7.5 DRESSER SA SECRÉTAIRE

Quand on est chef, il arrive qu'on ait envie d'abuser de son pouvoir. Hélas, on n'a pas toujours du personnel qualifié à portée de main. C'est pour ça qu'on a inventé les secrétaires.

Une secrétaire ne naît pas forcément aigrie et pleine de ressentiment. Un petit dressage est parfois nécessaire. Mais le jeu en vaut la chandelle. Essayez vous-même. Avilissez votre secrétaire; faites-en un pit-bull à deux têtes crachant du venin, et vous verrez que le reste du personnel ne viendra plus vous chercher noise. C'est à ce prix-là qu'on se dégage du temps libre.

Transformez votre secrétaire en pit-bull

Coups de fil personnels : Encouragez votre secrétaire à passer un maximum d'appels personnels à ses « soupirants ». Vous veillerez ainsi à son approvisionnement constant en nouvelles tragiques. Suffisamment pour en faire un être perturbé et constamment sur les nerfs. En clair, odieux. Vous pouvez y contribuer vous-même en chargeant un peu la mule sur place, mais les bénéfices que vous pouvez espérer en tirer resteront secondaires : pour le gros poisson, laissez-la appeler à la maison.

Tâches dégradantes : Il est de votre devoir de confier à votre secrétaire les tâches les plus stupides et les plus dégradantes possibles. Des corvées à côté desquelles une photocopie recto verso passe pour une mission aussi prestigieuse que, disons, une opération à cœur ouvert. Un exemple au hasard : demandez à votre secrétaire de vous classer vos crayons à papier par ordre croissant de taille (« Small », « Medium », et « Large »). Ou alors demandez-lui de passer un fax et plantez-vous devant le télécopieur. Pour un impact maximum, lâchez-lui un truc du genre : « Vous faites ça beaucoup mieux que moi! »

Condescendance : Excellente technique pour humilier sa (ou son) secrétaire : faites-en systématiquement mention en l'appelant « Mon boss ».

Plaignez-vous de votre salaire : Rien n'excédera plus votre secrétaire que de vous entendre râler à propos de vos problèmes d'argent. Mais mettez-y les formes. Sinon vous passeriez pour un goujat. Balancez des trucs du genre : « On rêve! Vous savez combien ils me demandent, chez Mercedes, pour me refaire mes housses en peau de mouton?!! »

Amnésie du chef : Une fois par jour, confiez à votre secrétaire un truc débile. Puis, prenez un air ébahi, comme si vous regrettiez qu'elle ait géré l'affaire. Votre secrétaire prétendra qu'elle n'a fait que suivre à la lettre vos instructions. Là, secouez la tête et grommelez quelque chose à propos de son « attitude », d'un ton vaguement menaçant.

Syndrome du multi-chef : Partagez votre secrétaire avec un autre chef qui exige lui aussi une disponibilité de tous les instants. Et, raffinement extrême, faites-la « superviser » par un vieil administrateur encore plus psychotique et aigri que vous. Les directives contradictoires de ces multiples chefs pousseront toute secrétaire normalement constituée au bord du meurtre, voire du suicide. Ce qui est exactement le but du jeu.

DILBERT, JE VOUS NOMME PERSONNELLEMENT RESPONSABLE DE LA SECRÉTAIRE DU SERVICE.
© 1990 United Feature Syndicate, Inc.
FAITES-EN SORTE DE LIMITER LES APPELS PERSONNELS.
...JE SAIS PAS MOI, SOYEZ PLUS DISCRET. QUAND VOUS APPELEZ À L'ÉTRANGER, Z'ÊTES PAS OBLIGÉ DE PORTER LE COSTUME TRADITIONNEL DU PAYS CONCERNÉ, PAR EXEMPLE.

VOUS ÊTES PLACÉ SOUS MA HAUTE RESPONSABILITÉ. JE SOUHAITE M'ENTRETENIR AVEC VOUS DE VOTRE ÉVOLUTION DE CARRIÈRE.
© 1990 United Feature Syndicate, Inc.
AUJOURD'HUI, VOUS ÊTES SECRÉTAIRE. MAIS D'ICI DEUX ANS, COMMENT VOUS VOYEZ-VOUS?
ACTEUR CÉLÈBRE... OU PEUT-ÊTRE MÉDECIN.
EUH... LÀ, JE SAIS PAS SI J'PEUX VOUS AIDER...
EN ATTENDANT, FAUT METTRE LE PAQUET, C'EST ÇA?

MON BOSS ME DEMANDE DE SUPERVISER LA SECRÉTAIRE DU SERVICE. J'SUIS PAS MENEUR D'HOMMES, MOI...
© 1990 United Feature Syndicate, Inc.
METS L'ACCENT SUR LE POSITIF. RÉCOMPENSE LES EFFORTS. FAIS CONFIANCE. RESPONSABILISE.
J'AI OUBLIÉ DE PRENDRE VOS MESSAGES, ALORS J'AI GRIBOUILLÉ N'IMPORTE QUOI SUR DES P'TITS BOUTS DE PAPIER.

ÇA SE PASSE COMMENT, AVEC LA NOUVELLE SECRÉTAIRE DU SERVICE?
© 1990 United Feature Syndicate, Inc.
Y'A COMME UN PROBLÈME D'IMAGE, J'AI L'IMPRESSION.
S.Adams
7-13
J'SUIS PEUT-ÊTRE SECRÉTAIRE, MAIS REGARDEZ : Y'A PAS UN TROMBONE QUI ME RÉSISTE!!
RRRR

JE SUIS ASSISE LÀ, INNOCENTE, DANS LE CONFORT SPARTIATE DE MON BUREAU PAYSAGÉ AUX CLOISONS BASSES.
11-22
E-Mail: SCOTTADAMS@AOL.COM
S. Adams
PHOTOCOPIE. PAS D'AGRAFE.
DES HOMMES BARDÉS DE DIPLÔMES PASSENT DEVANT LE COPIEUR ET C'EST MOI QUI DOIT LEUR FAIRE LEURS COPIES.
JE SUIS... LA SECRÉTAIRE À L'ARBALÈTE.

DEPUIS QUE J'AI CETTE ARBALÈTE, MA SATISFACTION PROFESSIONNELLE A GRIMPÉ EN FLÈCHE.
11-23
E-Mail: SCOTTADAMS@AOL.COM
S. Adams
HÉ, RUSSELL! DÉCROCHE TON TÉLÉPHONE TOI-MÊME, POUR UNE FOIS!
FFFT
J'AI À VOUS PARLER.
PARÉE, COCO!

PERMETTEZ? J'AI JUSTE UNE COPIE À FAIRE.
ÇA VEUT DIRE QUOI, ÇA? SOUS PRÉTEXTE QUE J'SUIS SECRÉTAIRE ET VOUS CHEF, MON TEMPS SERAIT MOINS PRÉCIEUX QUE LE VÔTRE? C'EST ÇA?
ÇA FERA PEUT-ÊTRE UN PEU BOBO, MAIS VOS RÊVES DE PHOTOCOPIES, ÇA VA VOUS LES CALMER TOUT DE SUITE.
E-Mail: SCOTTADAMS@AOL.COM
© 1993 United Feature Syndicate, Inc.

LA « SECRÉTAIRE À L'ARBALÈTE » PART À LA CHASSE.
OH! MOBY DICK!
ON VOUS A ENCORE HARPONNÉ, CHEF.
M'EN FOUS. JE LUI AI RETOURNÉ SON BUREAU.
E-Mail: SCOTTADAMS@AOL.COM
© 1993 United Feature Syndicate, Inc.

DEMANDEZ À MA SECRÉTAIRE D'ORGANISER UNE RÉUNION.
LES BOULES.
EUH... MILLE PARDONS... MISS CERBERUS, ACCORDERIEZ-VOUS QUELQUES SECONDES DE VOTRE TEMPS PRÉCIEUX À UN HUMBLE SALARIÉ ?
ES-TU PRÊT À BRAVER LES FORCES DE LA MORT?!!
Y'A DES POULES AVEC DES DENTS?
© 1991 United Feature Syndicate, Inc.

LA SECRÉTAIRE DU BOSS
SI VOUS VOULEZ QUE JE VOUS METTE SUR LE PLANNING DU BOSS, IL FAUDRA D'ABORD PASSER L'ÉPREUVE DE LA MORT.
APPORTEZ-MOI LA TÊTE DE WILLY, LE TYPE DU COURRIER!!!
GASP
HÉ, WILLY! FAIS VOIR, J'TE MONTRE UN TOUR.
© 1991 United Feature Syndicate, Inc.

...ET LÀ, LA SECRÉTAIRE DU BOSS, MISS CERBERUS, ME SORT QUE SI JE VEUX FIGURER AU PLANNING DU BOSS, FAUT QUE J'LUI RAPPORTE LA TÊTE DE WILLY, DU COURRIER.
J'AI PAS EU LE CHOIX.
J'AI ÉTÉ BON POUR UNE PÉTANQUE.
© 1991 United Feature Syndicate, Inc.

LE SAVOIR, C'EST LE POUVOIR, DOGBERT.
UN JOUR VIENDRA OÙ CEUX QUI SAVENT SE SERVIR D'UN ORDINATEUR CONTRÔLERONT CEUX QUI SAVENT PAS.
MÊME QU'ON NOUS DONNERA UN NOM.
SECRÉTAIRES.
© 1991 United Feature Syndicate, Inc.

CAROLE, VOUS SAVEZ, CE VOL SUR NEW YORK QUE VOUS M'AVEZ BOOKÉ...
S. Adams E-mail: SCOTTADAMS@AOL.COM
TOUTES CES ESCALES DANS DES PAYS DU TIERS-MONDE EN PROIE À DES SOULÈVEMENTS DE REBELLES... C'EST OBLIGÉ?
10/24 © 1995 United Feature Syndicate, Inc.(NYC)
PORTEZ ÇA DANS LE DOS, ÇA VAUT MIEUX. C'EST LE SYMBOLE INTERNATIONAL DE LA CROIX-ROUGE.

ENVOYEZ-MOI ÇA EN E-MAIL.
S. Adams E-mail: SCOTTADAMS@AOL.COM
ET PUIS FAXEZ-LE, DES FOIS QU'IL NE RELÈVE PAS SON E-MAIL. ET METTEZ-LUI L'ORIGINAL AU COURRIER, POUR QU'IL AIT UN EXEMPLAIRE CLEAN.
12/11 © 1995 United Feature Syndicate, Inc.(NYC)
FAUT PAS CONFONDRE « ORDINATEUR » ET « EMMERDEUR ».

UNE SECONDE, LÀ... J'SUIS EN TRAIN DE PIGER UN TRUC.
S. Adams E-mail: SCOTTADAMS@AOL.COM
MON TITRE, C'EST CHEF DE BUREAU ADJOINT, NON? ET JE PASSE MON TEMPS À FAIRE DE LA SAISIE? ET JUSQU'À PREUVE DU CONTRAIRE, C'EST MOI LA PLUS MAL PAYÉE DE TOUS...
12/14 © 1995 United Feature Syndicate, Inc.(NYC)
JE TOMBE MAL, PEUT-ÊTRE?
AAAGH!! J'SUIS SECRÉTAIRE!

BOB EST DANS SON BUREAU?
VU QUE LE BUREAU DE BOB EST À 5 MÈTRES AU BAS MOT, JE VAIS FAIRE APPEL À MES TALENTS DE VOYANTE EXTRA-LUCIDE POUR TROUVER LA RÉPONSE.
JE POUSSE LA PORTE?
BOB VOUS HAIT. SON VŒU LE PLUS CHER, C'EST QUE VOUS VOUS ÉTOUFFIEZ EN MANGEANT UN PÉPITO.

CAROLE, JE VOUS AVAIS DEMANDÉ DE M'INSCRIRE AU SÉMINAIRE DE QUALITÉ… LE CARTON PARLE DE SÉMINAIRE DES CLOWNS.
FAUT DÉCROCHER CETTE UV-LÀ POUR POUVOIR S'Y INSCRIRE.
ÇA VA ÊTRE MA FÊTE, LA JOURNÉE DES SECRÉTAIRES.
ILS ONT RIEN CONTRE LES CLOWNS ÉNERVÉS, J'ESPÈRE.

DITES À DILBERT D'INTRODUIRE « CLIENTÈLE CIBLE » DANS SA PRÉSENTATION, QUAND VOUS LE VERREZ.
IL VEUT QUE VOUS UTILISIEZ UNE « CB » POUR FAIRE VOTRE PRÉSENTATION.
AH… EUH… ET IL A DIT POURQUOI?
HÉ! HO! VOUS AVEZ VU MA FICHE DE PAIE? C'EST PAS MOI QUI TOUCHE LE GROS SALAIRE!

7.6 DÉLÉGUER UN MAX

Dans l'hypothèse improbable où vous seriez censé fournir un quelconque travail effectif, fourguez-ça à vos subalternes en les appelant à se constituer en « équipes auto-gérées ». Façon élégante de dire qu'en plus de leur propre boulot, ils vont désormais se taper le vôtre. En clair, c'est comme si on demandait à des vaches de s'auto-traire. Mais pour peu qu'ils soient souples, ça peut marcher.

L'objectif suprême de tout supérieur, c'est d'amener le salarié à s'imposer tout seul des choses qui, normalement, devraient lui être imposées par ce supérieur. Mais pour amener le salarié à se taper le boulot à votre place, il faut toutefois lui donner une raison valable. Plantez le décor. Faites en sorte d'être injoignable pour les réunions. Soyez un piètre conseiller. Prenez vos décisions en dépit du bon sens, ou n'en prenez pas du tout. À la longue, les salariés finiront par ne plus voir en vous qu'un monstrueux obstacle à leur travail. Bientôt, ils seront plus frustrés qu'une armée de pics dans une forêt pétrifiée. À la limite, ils viendront vous **demander l'autorisation** de faire le boulot à votre place !

7.7 L'ÉVALUATION EN TÊTE-À-TÊTE

Humilier ses salariés dans le cadre d'une évaluation « en tête-à-tête », ça aussi, ça peut être très rigolo. Organisez-vous à l'avance. Enrichissez le questionnaire de l'évaluation de performances de façon à y faire figurer une sous-famille dans laquelle les salariés peuvent spécifier le type de formation et de perfectionnement dont ils pensent avoir besoin (en clair : leurs « vices de forme »).

Durant l'évaluation en tête-à-tête, lisez en diagonale le corps du questionnaire et piquez droit sur les faiblesses auto-proclamées du salarié, tel un chien affamé sur un morceau de barbaque. Voici le genre de dialogue qui peut s'ensuivre :

Vous : Je vois que vos compétences techniques sont inadaptées.

Le salarié : Euh, dans mon domaine, je passe pour un expert. Je tiens simplement à suivre une formation pour me tenir à la pointe des tendances qui se dessinent.

Vous : Vous reconnaissez donc qu'il y a des choses que vous devriez savoir et que vous ignorez.

Le salarié : Si on veut… Oui. Je veux dire… NON! Je ne dirais pas ça.

Vous : Il semblerait qu'en plus, vous ayez des problèmes à communiquer.

Le salarié : Qu'est-ce que c'est que cette histoire de dingue?

Vous : Avez-vous songé à consulter notre conseiller? L'entreprise met à la disposition…

7.8 S'INVENTER UNE STRATÉGIE

Qu'est-ce que la stratégie d'entreprise? La définition de la stratégie d'entreprise est la suivante : on prend toutes les idées qu'on a déjà (c'est-à-dire n'importe quoi), on incorpore toutes les bonnes idées de la concurrence, et on touille. Prenons un exemple : vous êtes leader sur un marché bas de gamme (c'est-à-dire vous faites de la merde). À l'opposé, votre concurrent commercialise une marque haut de gamme tout à fait prestigieuse. Voici le genre de stratégie que vous pouvez proposer :

**Stratégie : Faites de la merde
et vendez-la à prix haut de gamme.**

Il y aura toujours des exégètes pour expliquer qu'une stratégie, ça doit canaliser les ressources dans une seule et même direction logique; sans cela, il n'y a pas de stratégie qui tienne. Mais ce que ces messieurs de la critique oublient, c'est qu'une stratégie, ce n'est pas fait pour être « appliqué » : c'est fait pour être « rabâché ». Par conséquent, ne vous privez pas.

En qualité de décideur, ne perdez pas une occasion de parler stratégie. C'est beaucoup plus facile que de fournir un travail effectif, et ça paie autant. Un décideur qui parle stratégie, ça en impose. Et à juste titre : un chef qui passe son temps à parler stratégie, c'est un individu qui a trouvé le moyen d'être payé à ne rien faire, ou presque. Désolé, mais ce genre d'initiative, ça force le respect.

7.9 LES RESSOURCES INHUMAINES

Certes, du jour où on est promu chef, l'âme abandonne le corps. Mais quand même; il reste des tâches managériales tellement scélérates et odieuses qu'il est difficile de les assumer. Ou alors il vous échoit des œuvres si basses qu'on n'a pas vraiment envie d'y laisser ses empreintes. D'où l'utilité d'un service des Ressources humaines.

Il existe des gens naturellement prédestinés à une carrière dans les Ressources humaines. Dans d'autres cultures, de tels individus deviendraient des tueurs en série, ou des tyrans sanguinaires. Mais nous vivons dans un monde civilisé. Ces insatiables vilains ont par conséquent tout loisir de canaliser leur énergie dans un champ d'activité des plus respectables : celui des Ressources humaines.

Mais imaginons que tous les candidats valables dans ce champ d'activité soient morts, ou incarcérés, ou même exilés en Bolivie sous des noms d'emprunt. Que faire?

Ma recommandation : engagez un chat.

Vu de l'extérieur, un chat, c'est mignon tout plein. Mais un chat, ça fait peu de cas de la vie ou de la mort d'un salarié, et ça aime bien faire joujou avec ses effectifs avant de les « réduire ». Un chat, ça a toujours le moral au beau fixe. Et dans une entreprise où tout le monde a le moral à zéro sans raison particulière, ça compte.

Au cas où votre entreprise n'appliquerait pas déjà telle ou telle politique incohérente, voire sadique, laissez aux lascars du service des Ressources humaines le soin d'élaborer la leur. Terrés dans leur petit bureau paysagé mesquin, les gens des Ressources humaines passent leur journée à ronger leur frein sous prétexte qu'ils ne font pas partie des « forces vives » de l'entreprise. Résultat : ils se rattrappent en réfléchissant aux mauvais traitements qu'ils pourraient bien infliger aux salariés qui, eux, en font partie. Cet état de fait permet d'instaurer de fort divertissantes politiques, qui circulent sous la forme d'épais classeurs.

Bref, vos professionnels des Ressources humaines et ceux de votre service juridique se ressemblent comme deux gouttes d'eau; la compassion et l'éloquence en moins, pour les premiers.

Les professionnels des Ressources humaines sont spécialement entraînés à se nourrir du malaise des autres. Voilà qui se révèle bien pratique, quand on a une mauvaise nouvelle à annoncer à quelqu'un (une réduction d'effectifs, par exemple).

Pour faire savoir à quelqu'un qu'il est « compressé », on peut choisir un environnement professionnel et peu menaçant. Vous pouvez par exemple aller décorer le dossier de son fauteuil avec un de ces petits bouts de papier collant jaune, rédigé comme suit : « T'es viré. Débarrasse le plancher vite fait, tocquard. T'es grillé! »

Mais il y a une méthode infiniment moins stressante. Elle consiste à confier la chose à la direction des Ressources humaines. Vous, ça vous allège la conscience; et eux, ça leur permet de se divertir un brin.

Veillez toutefois à occuper les gens des Ressources humaines aux tâches qui sont les leurs. À savoir : réduire les effectifs et modifier arbitrairement la politique de rémunération. N'allez pas leur laisser la bride sur le cou. Ils en profiteraient pour prendre des initiatives dont vous-même, décideur ou pas, pourriez faire les frais.

Définition de poste : Directeur des Ressources humaines

- Faire systématiquement obstruction à toute embauche de salarié qualifié.
- Réduire au maximum l'écart entre le statut de « salarié » et celui de « serf ».
- Mettre en œuvre une politique de rémunération girouette, empêchant le salarié de maximiser ses revenus.

AU TITRE DE DIRECTEUR DES RESSOURCES HUMAINES, ON ME DEMANDE DE RÉDUIRE LES COÛTS DES AVANTAGES DES SALARIÉS.
S. Adams E-mail: SCOTTADAMS@AOL.COM
LES LUNETTES NE SERONT PLUS PRISES EN CHARGE. EN REVANCHE, L'ENTREPRISE A ADOPTÉ UN NOUVEAU PROTOCOLE DE CORRECTION DE LA VUE.
9/11
© 1995 United Feature Syndicate, Inc.(NYC)
LA KÉRATOPLASTIE?
LE STRABISME.

LES COÛTS DE GARDIENNAGE GRÈVENT MON BUDGET. ÇA POSE PROBLÈME, SUR LE PLAN DES RH, SI JE DEMANDE AUX SALARIÉS DE VIDER EUX-MÊMES LEURS POUBELLES?
S. Adams E-mail: SCOTTADAMS@AOL.COM
ON DORERA LA PILULE EN LANÇANT SIMULTANÉMENT UN PROGRAMME DE REMISE EN FORME DES SALARIÉS…
9/12 © 1995 United Feature Syndicate, Inc.(NYC)
OK! PRÊTS? « LA POUBELLE POUR ALLER DANSER!!! »

OYEZ! OYEZ! L'ORGANIGRAMME NOUVEAU EST ARRIVÉ.
S. Adams E-mail: SCOTTADAMS@AOL.COM
OOPS, FAUSSE ALERTE!
WHAM!!
3-22 © 1995 United Feature Syndicate, Inc. (NYC)
OUILLE.
J'SUIS SONNÉ, MAIS LIBÉRÉ.

EN QUALITÉ DE DRH, J'AI IMAGINÉ UNE POLITIQUE POUR TRAITER LE CAS DES SALARIÉS QUI SE PLAIGNENT.
VOILÀ : UN GRAND TROU. J'Y FERAI TOMBER LES PLEURNICHARDS. ET UNE FOIS DEDANS, J'LES ENSABLE.
ÇA M'A L'AIR UN PEU TIRÉ PAR LES CHEVEUX, VOTRE HISTOIRE.
Y'A UNE EXPLICATION DÉTAILLÉE AU FOND DU TROU.
S. Adams E-mail: SCOTTADAMS@AOL.COM
10/13 © 1995 United Feature Syndicate, Inc.(NYC)

CATBERT, DIRECTEUR DES R.H.
MON JOB EST TROP STRESSANT. PUIS-JE VOIR UN CONSEILLER?
J'AI RÉENGINEERÉ LA PROCÉDURE DE CONSEIL. DÉSORMAIS, ON VOUS MET AU FOND D'UN GRAND TROU ET ON VOUS ENSABLE.
SI LE SEUL AVANTAGE QUI NOUS RESTE, C'EST DU SABLE, LÉSINEZ PAS!
CONTINUE BIEN À L'OUVRIR.
S. Adams E-mail: SCOTTADAMS@AOL.COM
10/14 © 1995 United Feature Syndicate, Inc.(NYC)

VOUS SAVEZ QUOI, RICHARD?
QUEL COMPLOT SADIQUE VOUS NOUS AVEZ ENCORE FOMENTÉ AUX RH, CATBERT?
EN PLUS DE VOTRE SUPÉRIEUR DIRECT, VOUS SEREZ CHAPEAUTÉS PAR UN BOSS « VIRTUEL » DONT LES OBJECTIFS SONT DIVERGENTS.
RIEN QU'EN COMPTE-RENDUS PÉRIODIQUES, COMPTEZ 39 HEURES PAR SEMAINE.
J'ME SUICIDE À L'AGRAFEUSE DIRECT.
S. Adams E-mail: SCOTTADAMS@AOL.COM
11/1 © 1995 United Feature Syndicate, Inc.(NYC)

Y'A UN PROGRAMME DE PRÉVU, AUX RESSOURCES HUMAINES, POUR CEUX QUI ONT DES DYS-FONCTIONNEMENTS DANS LEUR CONNECTION INTERNET?
JE VOUS PROPOSE LA THÉRAPIE DITE DE LA BOBINE. ON VOUS EMBOBINE DE BOUT EN BOUT, ET PUIS ON VOUS POSE DANS UN COIN DE MON BUREAU COMME ÉLÉMENT DE MOBILIER.
UN PEU COMME DANS LA FAMEUSE ÉPREUVE DE LA CORDE, QU'ON PASSE POUR APPRENDRE À FONCTIONNER EN ÉQUIPE?
PAREIL, SAUF QUE LÀ, ON VOUS APPREND À SERVIR DE POTICHE.
S. Adams E-mail: SCOTTADAMS@AOL.COM
11/28 © 1995 United Feature Syndicate, Inc.(NYC)

CATBERT, DIRECTEUR DES RESSOURCES INHUMAINES
LES SALARIÉS ONT TROP DE CONGÉS. METTONS UN TERME À CETTE SITUATION.
DÉMONS DE LA NUIT, JE VOUS SOMME DE M'ASSISTER!!!
...ÉLIMINE LES JOURS DE MALA-DIE. DÉDUIS-LES SUR LES JOURS DE CONGÉ. APPELLE-ÇA UN COMPTE ÉPARGNE TEMPS.
C'EST RIGOLO... C'EST CRUEL... J'ACHÈTE.
S. Adams E-mail: SCOTTADAMS@AOL.COM
© 1996 United Feature Syndicate, Inc.(NYC)

JE SAIS, JE DEVRAIS ÊTRE EN TRAIN DE M'A-CHARNER SUR EUX.
MAIS ÇA ME CHAUFFE TROP DÉLICIEUSEMENT LES FESSES, CE SUPER-BE ENGIN. PAS MOYEN DE M'ARRACHER.
J'DOIS ÊTRE INTOXIQUÉ PAR LA PUB, MAIS J'SUIS SÛR QU'AVEC WINDOWS 95, ÇA SERAIT ENCORE MEILLEUR.
S. Adams E-mail: SCOTTADAMS@AOL.COM
© 1996 United Feature Syndicate, Inc.(NYC)

CATBERT, DIRECTEUR DES R.H.
SELON CE RAPPORT, VOUS VOUS SERIEZ ACHARNÉ SUR UN DISTRIBUTEUR AUTOMATIQUE QUI AURAIT AVALÉ VOTRE MONNAIE.
S. Adams
E-mail: SCOTTADAMS@AOL.COM
POUR CE GENRE DE CAS, L'ENTREPRISE OFFRAIT LES SERVICES DE SON CONSEILLER. MAIS IL S'AVÈRE QUE LA PEINE DE MORT EST PLUS ÉCONOMIQUE.
4/10/96 © 1996 United Feature Syndicate, Inc.(NYC)
HEIN?! C'EST PAS POSSIBLE!
FAUT VOIR. POUR LE MICRO-ONDES, VOUS ÊTES TROP GROS, MAIS…

HÉ HÉ! DEPUIS QUE JE SUIS DRH, J'AI JAMAIS PONDU UN TRUC AUSSI DIABOLIQUE.
S. Adams
E-mail: SCOTTADAMS@AOL.COM
GÉNIAL, LE E-MAIL. J'PEUX M'ACHARNER SUR DES CENTAINES DE SALARIÉS À LA FOIS!
HOULÀ! UN MESSAGE DE L'INFÂME SIEUR CATBERT.
« AFIN DE RÉDUIRE LES COÛTS DE GARDIENNAGE… »
ÇA, DÉJÀ, C'EST MAUVAIS SIGNE…
…
…
« CHACUN DES SALARIÉS EST REQUIS DE S'ATTACHER UN BALAI AU… »
1/21/96 © 1996 United Feature Syndicate, Inc.(NYC)
« …DERRIÈRE. »
SOYONS POSITIFS : ON NOUS INVITE DE PLUS EN PLUS AUX RÉUNIONS MARKETING.
CINQ MINUTES ; ON FINIT LES CROISSANTS.

LA PAROLE EST AU SIEUR CATBERT, QUI VA NOUS PRÉSENTER NOTRE NOUVELLE POLITIQUE DE « RÉMUNÉRATION GLOBALE » POUR L'EXCELLENCE.
E-mail: SCOTTADAMS@AOL.COM
S. Adams
IL SERAIT MESQUIN DE RÉDUIRE LE CONCEPT DE RÉMUNÉRATION À LA SEULE NOTION DE SALAIRE.
MÉFIANCE
POUR POUVOIR AUGMENTER LES AVANTAGES, IL FAUT JUSTEMENT RÉDUIRE LES SALAIRES. COMME ÇA, HOP! ON ÉQUILIBRE.
...

...
SAVIEZ-VOUS, PAR EXEMPLE, QU'IL VOUS SUFFIT DE CARESSER MON P'TIT VENTRE VELU POUR FAIRE BAISSER VOTRE TENSION ARTÉRIELLE
© 1996 United Feature Syndicate, Inc.(NYC)
11/12
ÇA SENT LE TRAQUENARD!
J'ENVISAGE LE PIRE...
HA HA HA!!! LA V'LÀ, VOTRE « COMPLÉMENTAIRE MALADIE »! ET MAINTENANT, JE M'ATTAQUE À VOS SALAIRES!
C'EST BIZARRE; PLUS J'AI DROIT À DES PRESTATIONS, MOINS BIEN JE ME PORTE.

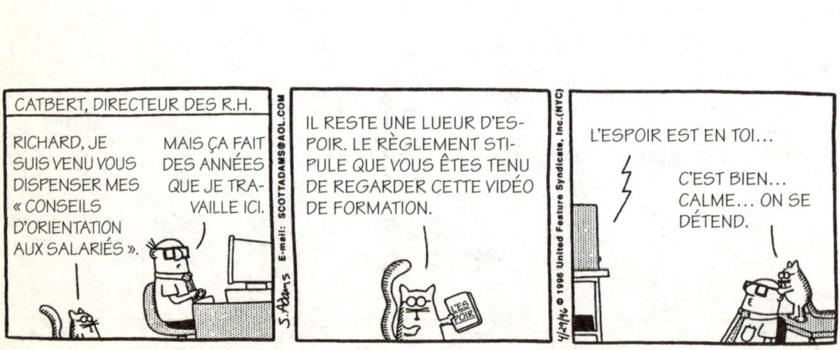
CATBERT, DIRECTEUR DES R.H.
RICHARD, JE SUIS VENU VOUS DISPENSER MES « CONSEILS D'ORIENTATION AUX SALARIÉS ».
MAIS ÇA FAIT DES ANNÉES QUE JE TRAVAILLE ICI.
E-mail: SCOTTADAMS@AOL.COM
S. Adams
IL RESTE UNE LUEUR D'ESPOIR. LE RÈGLEMENT STIPULE QUE VOUS ÊTES TENU DE REGARDER CETTE VIDÉO DE FORMATION.
L'ESPOIR
4/29/96 © 1996 United Feature Syndicate, Inc.(NYC)
L'ESPOIR EST EN TOI...
C'EST BIEN... CALME... ON SE DÉTEND.

7.10 IDENTIFIER LES LÈCHE-CUL

C'est peut-être consternant, mais on n'a jamais vu un décideur sans sa cour de lèche-cul. Sur le plan pratique, c'est de bien peu d'utilité, un lèche-cul. Mais on pourrait dire la même chose d'un bouquet de fleurs; et un bouquet de fleurs, il ne viendrait à personne l'idée de remettre ça en question.

Pour identifier les fayots qui crapahutent dans vos rangs, c'est simple. Repérez ceux qui vont jusqu'à singer vos tics les plus affligeants (tant en ce qui concerne votre accoutrement vestimentaire, que votre démarche empruntée ou vos tics de langage) pour s'attirer vos faveurs. N'hésitez pas à vous concocter un look consternant, voire frôlant l'hystérie. Messieurs, essayez le nœud papillon, la chemise bleue à col blanc ou les bretelles. Mesdames, utilisez un rouleau à peinture de chez Castorama pour appliquer votre fond de teint. Ou alors arborez des boucles d'oreilles qui pourraient laisser penser que vous avez garé votre vélo derrière vos oreilles.

En réunion, portez les mains devant le visage en recroquevillant les doigts, tel un monstre dantesque; et dénombrez les individus qui font de même. Quand vous développerez une argumentation, aussi inepte soit-elle, observez le quarteron d'aspirants lèche-cul opiner servilement du bonnet. Yeux écarquillés, ivres d'enthousiasme, les plus doués yoyoteront comme des chihuahuas devant un biscuit. De l'assistance monteront même des trucs genre « Absolument », ou « J'entends bien ».

Repérez bien les lèche-cul les plus empressés et inscrivez-les dans vos petits papiers. On sait jamais, ça peut toujours servir (des fois qu'au retour d'une petite virée dans le Luberon, vous cherchiez des volontaires pour lapper les jantes alliage chrome de votre Mercedes). Bon, je reconnais qu'au départ, un comportement aussi servile, ça écœure plus qu'autre chose. Mais à l'usage, on apprend à apprécier ce genre de salariés. Qui sait : peut-être même qu'un jour, vous pourrez les nommer *team leaders*.

8

CONCLUSION

8.1 UN BRIN DE BON SENS

Si vous avez étudié cet ouvrage dans son intégralité, n'espérez pas accéder un jour à un poste de direction. Je peux d'ores et déjà vous dire que la faculté de concentration dont vous êtes capable de faire preuve est trop aiguë pour pouvoir y prétendre. En revanche, si vous avez zappé directement jusqu'ici pour compter les points, il est probable que vous ayez « l'envergure » requise.

Ce petit guide ne prétend toutefois pas couvrir en totalité l'ensemble des situations managériales auxquelles vous pourriez être confronté. Le cas échéant, il va donc falloir en appeler à votre bon sens. Or, du bon sens, vous n'en avez pas une miette. Ces quelques règles de base devraient vous permettre de vous tirer de bien des situations épineuses.

Les dix commandements du management

1. Le boss a beau être un crétin, il a toujours raison.

2. Les lois de la physique spatio-temporelle ont été établies pour qu'on les enfreigne.

3. La solution n'est pas de multiplier les ressources, c'est de multiplier les réunions.

4. Dans le doute, demander un état d'avancement.

5. Quand on sait parler, on sait communiquer.

6. Le moral catastrophique des effectifs n'est dû qu'aux carences psychologiques des salariés.

7. Si dix individus sont capables de boucler un projet en dix jours, un seul peut le boucler en une journée.

8. Travailler en équipe, c'est faire faire son boulot par les autres.

9. Un salarié malade est un salarié fainéant.

10. Maltraiter un salarié est une forme de reconnaissance. Et la reconnaissance est ce dont rêve tout salarié.

Appendice A

LISTE DE RESSOURCES MANAGÉRIALES

Pour obtenir de plus amples conseils managériaux, reportez-vous aux sources suivantes :

- Nostradamus
- Le courrier des lecteurs de *Voici*
- Les gagnants du Millionnaire
- Le pois chiche que vous avez dans le crâne.

Appendice B

HISTOIRE DU MANAGEMENT

Les thèses des érudits divergent souvent quant aux origines exactes du management. Mais qu'est-ce qu'un érudit, sinon un individu qui n'a pas le talent requis pour accéder à un poste de direction? Le mieux est donc de faire abstraction de l'avis des érudits. Apprenez plutôt l'Histoire du management telle qu'elle est enseignée depuis la nuit des temps : en lisant les trucs fabriqués de toutes pièces par untel ou untel.

L'Histoire du management, en voici ma version à moi. Bon, pour combler mes quelques petites lacunes, j'ai dû broder ici et là. Mais je doute que vous vous en rendiez compte.

B.1 AU COMMENCEMENT

Le management a fait son apparition peu après que l'homme ait appris à domestiquer le feu. Auparavant, l'homme des cavernes de base agissait en entrepreneur indépendant, se nourrissant de petites bestioles velues qu'il chassait, mettait à mort, puis ingurgitait crues. Ce genre d'activités ne nécessitaient pas de réunions. Quant aux comptes-rendus périodiques, ils étaient pour le moins laconiques : « Tué petite bestiole velue. L'ai mangée. »

Ce système convenait à tout le monde. A l'exception des petites bestioles velues qui élevaient des protestations, se plaignant régulièrement de « l'injustice » de la chose.

Un jour, un homme des cavernes particulièrement entreprenant apprit à domestiquer le feu. Pour la bonne forme, appelons cet individu « technicien ». Tandis que de leur côté, les hommes des cavernes s'empiffraient de petites bestioles velues, cognaient sur les femmes des cavernes à grands coups de gourdin, et festoyaient comme des bêtes, le technicien, lui, s'appliquait à établir les spécifications d'un truc qu'il baptisa « Feu v1.0. ».

(Je focalise cette discussion sur les *hommes* des cavernes car à cette époque, la plus grande inégalité était de mise. L'activité de base des *femmes* des cavernes consistait principalement à se débattre en hurlant : « Pas ce soir, j'ai pas encore la migraine. OUILLE!! »)

Un jour, le technicien présenta aux autres hommes des cavernes une démo de sa nouvelle invention. Il essuya les pires sarcasmes sous prétexte que, de la bouche même des participants, aucune « application tueuse » n'avait été prévue. Un homme des cavernes à la chevelure soignée railla le technicien, l'accusant d'avoir conçu un produit « à la solde de la technologie », et lui martelant que si c'était une si bonne idée que ça, les singes l'auraient eue depuis longtemps.

Mais le technicien était blindé. Ce n'était pas la première fois qu'il essuyait les quolibets. En effet, sous prétexte qu'il avait coutume de fermer son pagne avec un bout de Scotch, les autres avaient toujours pris un malin plaisir à le chambrer.

(NB : Le Scotch est un matériau adhésif primitif fabriqué à base de whisky. On l'utilisait à des fins fort variées, aussi bien pour fabriquer des pièges permettant d'engluer des tigres aux dents affûtées comme des rasoirs, que pour peaufiner la décoration intérieure de la caverne. Personne ne sait pourquoi l'homme a renoncé à en faire usage.)

Conspué par les abrutis du coin, le technicien n'eut d'autre choix que de relever le défi. Pour garder un semblant de dignité, il en vint à concocter une petite application débile : « Pourquoi ne pas jeter au feu les bestioles qu'on a tuées, leur lança-t-il, et les faire griller avant de les manger? »

Plus débile, on aurait eu du mal à trouver. Mais ironie du sort, la publicité venait tout juste d'être inventée. Vêtu d'une peau de bête particulièrement olé-olé, un homme des cavernes fit un pas en avant et exposa les avantages substantiels que présenterait la cuisson au grill des bestioles :

Un plus-produit incontestable : la cuisson au gril de vos petites bestioles velues

- Faites des affaires chaque fois que vous appelez un client à l'international! Mieux que le forfait Bouygues!
- Règlement par carte bancaire accepté!
- Disponible uniquement par correspondance. Un seul appel suffit!

Si aujourd'hui ce genre de racolage apparaît foncièrement débile, il n'en était rien, loin s'en faut, aux yeux des hommes des cavernes. Pour des individus aussi peu sophistiqués, c'étaient là au contraire des arguments massue. Les populations furent rapidement conquises : ou bien on s'empressait de taper 3615 FEU, ou bien on envisageait de s'y abonner sans tarder, « histoire d'en avoir sous la main à la caverne, et surtout pour les gosses ».

La technologie du feu fut bientôt si populaire qu'elle engendra son lot de problèmes bien spécifiques. Hommes et femmes des cavernes se réunissaient autour d'un même feu, tentant désespérément de faire griller toutes les bestioles à la fois. Et ce fut le chaos. Ça se bousculait dans tous les sens. Nombre de jurons grossiers firent leur apparition; certains défièrent même les outrages du temps et sont parvenus jusqu'à nous, contribuant au passage au lancement de telle ou telle chaîne « haut de gamme » sur le réseau câblé.

L'homme des cavernes découvrit bientôt qu'en embrochant sa bestiole sur un long bout de bois avant de la mettre au feu, on évoluait d'un cran. Mais il se trouva des individus incapables de comprendre les avantages d'une telle technique. Ces individus s'obstinaient à vouloir tenir la bestiole à mains nues au-dessus des flammes. Non sans raillerie, on donna alors un nom à cette catégorie de gens. Pour y faire référence, on utiliserait désormais le terme de « décideurs », terme qui jusqu'alors, pour le commun des mortels, ne désignait rien d'autre que les gigantesques accumulations d'excréments de mastodontes.

Au fil des âges, l'espèce des mastodontes finit par s'éteindre, laissant derrière elle le terme de « décideur » qui, lui, survécut. Unanimes pour considérer qu'il n'y avait rien de bon à tirer de tels individus sur le plan de la production, les hommes des cavernes cantonnèrent les décideurs à des tâches inutiles, telles que la rédaction de « compte-rendus de mission » et l'organisation de réunions. Ces activités, inoffensives au demeurant, présentaient l'immense avantage de maintenir les décideurs à l'écart.

Au cours des millions d'années qui allaient s'ensuivre, l'homme concentra en priorité son attention sur trois choses : échapper aux morsures des rats, conquérir de nouveaux territoires, et persuader les « décideurs » de goûter pour eux les denrées non identifiées qu'ils trouvaient dans la nature. Quand par exemple, au beau milieu de carcasses sanguinolentes, la tribu tombait sur une variété inconnue de champignon semi-mâchouillé, la question se posait de savoir s'il était risqué de l'ingurgiter ou non. Un homme brandissait alors le champignon et s'écriait : « Trouvez-moi un décideur. Il le bouffera bien, lui! » Et la tribu partait dans un grand éclat de rire, que seules les morsures de rats parvenaient à calmer.

L'expression « Il le bouffera bien, lui » fut rapidement tronquée en « Il bossera bien », pour finalement être réduite à une simple monosyllabe : « boss ». Pierre Larousse tenta d'introduire le terme dans son *Grand Dictionnaire universel*, avant de réaliser qu'il n'était pas encore né. Mais tout le monde s'en tapait, vu qu'à l'époque, personne ne savait lire.

Jusqu'au jour où la révolution industrielle éclata. On vit alors les usines se mettre à pousser comme des champignons. C'était une époque dangereuse. On avait beau musarder tranquillement dans la campagne, il suffisait qu'on pose le pied là où une usine avait soudain décidé de surgir, et on se faisait éjecter à des kilomètres à la ronde! Oui, l'heure était grave. Des usines, on en voyait même jaillir spontanément sous de paisibles troupeaux de bétail au pâturage. Sous la violence de l'impact, les bestiaux étaient catapultés jusqu'à la bourgade voisine et on retrouvait les infortunés villageois aplatis sous des cadavres de bovidés, livrés à la fringale des rats. Bref, c'était pas joli-joli.

Mais l'aspect le moins reluisant de cette révolution industrielle, les historiens ne nous en parlent jamais. Quel sort fut donc réservé aux décideurs? Que s'est-il réellement passé?

Ce qui s'est passé, c'est que les entrepreneurs ont réalisé qu'il leur fallait une couche d'isolation pour faire tampon entre eux et les gens qu'ils exploitaient. Profil recherché : des gens suffisamment obtus pour ignorer les supplications des travailleurs, c'est-à-dire un minimum de bon sens, un minimum de respect, et des conditions de travail décentes. C'est donc tout naturellement, et avec une pertinence certaine, que les entrepreneurs se sont tournés vers une race d'individus répondant parfaitement à ces critères de sélection : les « décideurs ».

De longues décennies durant, les décideurs ont erré dans l'obscurité, livrés à eux-mêmes et sans aucune lumière pour guider leur chemin. C'est la raison pour laquelle j'ai cru bon d'écrire ce petit guide de management. Aujourd'hui, je crois pouvoir le dire : grâce à moi, tout baigne. Là-dessus, nous sommes unanimes.

Achevé d'imprimer en septembre 1997
dans les ateliers de Normandie Roto Impression s.a.
61250 Lonrai

N° d'impression : 971850
Dépôt légal : septembre 1997

Imprimé en France